Paul Watzlawick

Wenn du mich wirklich liebtest, würdest du gern Knoblauch essen

Paul Watzlawick

Wenn du mich wirklich liebtest, würdest du gern Knoblauch essen

Über das Glück und die Konstruktion der Wirklichkeit

Herausgegeben von
Heidi Bohnet und Klaus Stadler

Piper
München Zürich

ISBN 13: 978-3-492-04942-9
ISBN 10: 3-492-04942-7
3. Auflage 2007

Satz: Kösel, Krugzell
Druck und Bindung: Clausen & Bosse, Leck
Printed in Germany

www.piper.de

Inhalt

Vorbemerkung

Er stammt aus Österreich, hat in Italien Sprachen studiert und in der Schweiz eine Psychotherapie-Ausbildung absolviert. Seit vielen Jahrzehnten lebt und arbeitet er im Westen der USA nicht weit von San Francisco als Psychotherapeut. Lange Zeit war er ein Pendler zwischen der Neuen und der Alten Welt. Seine Erfahrungen damit hat Paul Watzlawick in einem besonderen Buch über Amerika verarbeitet. Ein anderes seiner Bücher, die *Anleitung zum Unglücklichsein*, ist bald nach dem Erscheinen zum Kultbuch geworden und hat eine Millionenauflage erreicht. Zentrales Thema ist hier – wie in allen seinen Büchern – die »menschliche Kommunikation«.

Wie »funktioniert« Verständigung zwischen den Menschen? Um das zu erklären, zäumt Watzlawick häufig mit skurrilen Beispielen das Pferd sozusagen von hinten auf: Wie funktioniert Verständigung gerade *nicht*? Was passiert, wenn Partner sich durch Herumreiten auf Nichtigkeiten zur Weißglut bringen? Das klingt auch im Titel dieses Lesebuchs an, wenn es darin und in der entsprechenden Geschichte zur Konfusion zwischen Knoblauch und Liebe kommt. Die Verwirrungen können so weit gehen, daß Partner sich gegenseitig für »verrückt« erklären – nach dem Motto: »Wenn du nicht verrückt wärest, wüßtest du, was ich meine…«

Seinen geistreichen Beispielen und hintersinnigen Geschichten, die ganz alltäglich-banal wirken können (und sicher nicht immer den Beifall seiner Fachkollegen gefunden haben), liegt eine handfeste philosophische Theorie zugrunde, der *Konstruktivismus*. Dessen Kernthese lautet: Jeder Mensch konstruiert sich seine eigene Wirklichkeit. Bringt man das in Verbindung mit der Kommunikation zwischen Menschen, so kann diese nur gelingen, wenn sie die Wirklichkeit des jeweils anderen erkennen und sich darum bemühen, die unterschiedlichen Wirklichkeiten nebeneinander gelten zu lassen. Es geht also vor allem um ein Kernthema unserer Zeit, die *Toleranz*. Der konstruktivistische Ansatz –Watzlawicks Werk belegt das – hat Auswirkungen bis hinein in die psychiatrische und psychotherapeutische Praxis.

Über unsere Lektoratsarbeit haben wir Paul Watzlawick als einen der wichtigsten und erfolgreichsten Piper-Autoren kennengelernt (sein erstes Piper-Buch erschien 1976). Wir haben seinen trockenen Humor, seine elegante Ironie, seine Menschenfreundlichkeit und seine intellektuelle Bescheidenheit erlebt – Eigenschaften, die auch in der vorliegenden Sammlung (mit Texten aus seinen bei Piper lieferbaren und zumeist auch zuerst dort erschienenen Büchern) spürbar werden. Es geht um Liebe und Glück, um Alltagsdramen, das Gelingen und Mißlingen von Kommunikation und um den Sinn des Lebens.

Die ausgewählten Texte sind unverändert übernommen worden. Auf Querverweise und Anmerkungen wie auch auf Abbildungen wurde (fast) völlig verzichtet; wir verweisen in diesem Zusammenhang auf die im Anhang genannten Bücher Watzlawicks und auf die Hinweise zu den Texten. Manche Kapitelüberschriften stammen von uns, in anderen Fällen wurden Überschriften des Autors übernommen. Weil sie das theoretisch Gesagte unnachahmlich klar beleuchten, kommen einige von Watzlawicks »Leuchtturmbeispielen« mehrfach vor.

Was die Toleranz angeht: Paul Watzlawick nennt sie am Ende seiner *Anleitung* in einem Atemzug mit Fairneß und Vertrauen. Seine Einsichten sind hilfreich für die Verständigung zwischen einzelnen Menschen, sie lassen sich auch auf das Zusammenleben von Gesellschaften übertragen und können für den Umgang der Völker miteinander die Richtung weisen.

Bonn/Gräfelfing, im Juni 2006
Heidi Bohnet/Klaus Stadler

Präludium: Wenn du mich wirklich liebtest, würdest du gern Knoblauch essen

L'enfer, c'est les Autres (die Hölle, das sind die anderen), heißt es gegen Schluß von Sartres Theaterstück *Huis clos*. Wenn Sie, lieber Leser, den Eindruck haben, daß dieses Thema bisher auch nicht annähernd zur Sprache gekommen ist, daß wir uns bisher hauptsächlich mit Unglücklichkeit sozusagen in Eigenregie befaßten, haben Sie eigentlich recht. Es ist an der Zeit, uns der barocken Hölle menschlicher Beziehungen zuzuwenden.

Versuchen wir, an das Thema einigermaßen methodisch heranzugehen. Schon vor etwa 90 Jahren wies Bertrand Russell darauf hin, daß Aussagen über Dinge und Aussagen über Beziehungen streng zu trennen sind. »Dieser Apfel ist rot« ist eine Aussage über eine Eigenschaft *dieses* Apfels. »Dieser Apfel ist größer als jener« ist eine Aussage, die sich auf die Beziehung *zwischen den beiden Äpfeln* bezieht und die daher nichts mit dem einen oder dem anderen Apfel allein zu tun hat. Die Eigenschaft des Größerseins ist keine Eigenschaft eines der beiden Äpfel, und es wäre glatter Unsinn, sie *einem* der beiden zuschreiben zu wollen.

Diese wichtige Unterscheidung wurde später vom Anthropologen und Kommunikationsforscher Gregory Bateson aufgegriffen und weiterentwickelt. Er stellte fest, daß in jeder Mitteilung immer beide Aussagen enthalten sind; oder in anderen Worten, daß jede Kommunikation eine Objekt- und eine Beziehungsebene hat. Damit hat er uns geholfen, besser zu verstehen, wie man mit einem Partner – irgendeinem Partner, aber je näher, desto besser – rasch in Schwierigkeiten kommen kann. Nehmen wir an, eine Frau fragt ihren Mann: »Diese Suppe ist nach einem ganz neuen Rezept – schmeckt sie dir?« Wenn sie ihm schmeckt, kann er ohne weiteres »ja« sagen, und sie wird sich freuen. Schmeckt sie ihm aber nicht und ist es ihm außerdem gleichgültig, sie zu enttäuschen, kann er ohne weiteres verneinen. Problematisch ist aber die (statistisch viel häufigere) Situation, daß er die Suppe scheußlich findet, seine Frau aber nicht kränken will. Auf der sogenannten Objektebene (also was den Gegenstand *Suppe* betrifft) müßte seine Antwort »nein« lauten. Auf der Beziehungsebene müßte er »ja« sagen, denn er will sie ja nicht verletzen. Was sagt er also? Seine Antwort kann nicht »ja« *und* »nein« sein, denn das Wort »jein« gibt es in der deutschen Sprache nur als Witz. Er wird also versuchen, sich irgendwie aus der Zwickmühle zu winden, indem er zum Beispiel sagt: »Schmeckt interessant«, in der Hoffnung, daß seine Frau ihn richtig versteht. Die Chancen sind minimal. Da empfiehlt es sich schon eher, dem Beispiel eines mir bekannten Ehemannes zu folgen, dessen Frau ihm nach der Rückkehr aus den Flitterwochen beim ersten Frühstück im neuen Heim eine große Schachtel Cornflakes auf den Tisch stellte, in der (auf der Beziehungsebene) wohlgemeinten, aber (auf der Objektebene) irrtümlichen Annahme, daß er sie gern äße. Er wollte sie nicht kränken und nahm sich vor, das Zeug halt in Gottes Namen zu schlucken und sie dann, wenn die Schachtel leer war, zu bitten, keine neue zu kaufen. Als gutes Weib aber hatte sie aufgepaßt, und noch bevor die erste Schachtel ganz aufgebraucht war, stand bereits die zweite da. Heute, 16 Jahre später, hat er die Hoffnung aufgegeben, ihr schonend beizubringen, daß er Cornflakes haßt. Ihre Reaktion könnte man sich ausmalen.

Übrigens ist die deutsche Umgangssprache wenigstens in dieser Hinsicht noch etwas klarer als zum Beispiel die englische oder italienische. »*Would you like to take me to my plane tomorrow morning?*« (wer fährt schon gerne um sechs Uhr morgens zum Flugplatz?) oder »*Ti dispiacerebbe far la cena stasera?*« (selbstverständlich habe ich keine große Begeisterung, wenn ich beim Nachhausekommen von der Arbeit auch noch kochen soll) sind klassische Beispiele. Ja ja, ich weiß, die »richtige« Antwort müßte separat auf den beiden Kommunikationsebenen gegeben werden, also zum Beispiel: »Nein, zum Flugplatz als solchem zieht mich aber auch gar nichts; doch den Gefallen, dich hinzubringen, tu ich dir gern.«

Die Bedeutung dieses Kommunikationsmusters für unser Thema dürften Sie nunmehr bereits ahnen. Denn selbst wenn es der Partner fertigbringt, in der eben erwähnten Weise zu antworten (und wer drückt sich schon so gespreizt aus?), kann der andere die Situation zu einem Problem breittreten, indem er den Gefallen nur dann anzunehmen gewillt ist, wenn der Partner auch wirklich *gern* zum Flugplatz fährt. Und wie jener sich nun auch dreht und windet, den Fallstricken der Vermischung von Objekt- und Beziehungsebene wird er nicht entkommen. Am Ende dieser fruchtlosen Debatte werden beide wütend aufeinander sein. Sie sehen, das Rezept ist verhältnismäßig einfach, sobald man den wichtigen Unterschied zwischen diesen beiden Kommunikationsebenen erfaßt hat und daher imstande ist, sie nicht nur irrtümlich, sondern bewußt durcheinanderzubringen. Eines der erbaulichsten mir bekannten Beispiele ist die als Kapitelüberschrift erwähnte Konfusion zwischen Knoblauch und Liebe.

Der Grund, weshalb diese Konfusionen auch dem Anfänger leichtfallen, hat mit der Schwierigkeit von Aussagen auf der Beziehungsebene zu tun. Über Gegenstände – Knoblauch inbegriffen – läßt sich ziemlich leicht sprechen – aber über die Liebe? Versuchen Sie es nur einmal ernsthaft. Noch sicherer, als die Erklärung eines Witzes dessen Humor abtötet, führt das Palavern über die scheinbar selbstverständlichsten Formen menschlicher Beziehungen fast garantiert in immer größere Probleme. Als beste Zeit für derartige »Aussprachen« empfiehlt sich der späte Abend. Um drei Uhr morgens ist dann auch das zunächst einfachste Thema bis zur Unkenntlichkeit zerredet, und beide Partner sind am Ende ihrer Geduld. Schlafen können sie dann aber nicht.

Als weitere Verfeinerung dieser Technik bietet sich eine bestimmte Art von Fragen und eine besondere Kategorie von Forderungen an. Ein Paradebeispiel für erstere wäre: »Warum bist du zornig auf mich?«, wenn, soweit es dem Befragten selbst bekannt ist, er weder auf den Fragesteller noch sonst zornig ist. Die Frage aber unterstellt, daß der Fragende besser als der Gefragte weiß, daß die Antwort »Aber ich bin ja gar nicht zornig auf dich« einfach unwahr ist. Diese Technik ist auch unter der Bezeichnung *Gedankenlesen* oder *Hellsehen* bekannt und ist deshalb so wirksam, weil man um eine Stimmung und deren Auswirkungen bis zum Jüngsten Gericht streiten kann und weil die Zuschreibung negativer Gefühle die meisten Menschen rasch in Weißglut bringt.

Der andere Trick besteht darin, dem Partner ebenso heftige wie nebelhafte Vorwürfe zu machen. Wenn er dann wissen will, was Sie eigentlich meinen, können Sie die Falle mit dem zusätzlichen Hinweis hermetisch schließen: »Wenn du nicht der Mensch wärest, der du bist, müßtest du mich nicht erst noch fragen. Der Umstand, daß du nicht einmal weißt, wovon ich spreche, zeigt klar, wes Geistes Kind du bist.« Und à propos Geist: Im Umgang mit sogenannten Geisteskranken wird diese Methode seit längster Zeit mit großem Erfolg angewendet. In den seltenen Fällen nämlich, in denen der Betreffende es wagt, klipp und klar darüber Auskunft zu verlangen, worin in der Sicht der anderen seine Verrücktheit denn bestehe, läßt sich diese Frage als weiterer Beweis für seine Geistesgestörtheit hinstellen: »Wenn du nicht verrückt wärest, wüßtest du, was wir meinen.« Da staunt der Laie, und der Fachmann wundert sich – denn hinter einer Antwort dieser Art steht Genialität: Der Versuch, Klarheit zu schaffen, wird flugs ins Gegenteil umgedeutet. Der andere gilt also für verrückt, solange er die Beziehungsdefinition »Wir sind normal, du bist verrückt« stillschweigend hinnimmt, und für verrückt, wenn er sie in Frage stellt. Nach diesem erfolglosen Exkurs in die menschliche Umwelt kann er entweder sich in hilfloser Wut die Haare ausraufen oder in Schweigen zurückfallen. Aber auch damit beweist er nur zusätzlich, wie verrückt er ist und wie recht die anderen immer schon hatten. Bereits Lewis Carroll hat diesen Mechanismus sehr schön in *Alice hinter den Spiegeln* beschrieben. Die Schwarze und die Weiße Königin beschuldigen Alice, etwas bestreiten zu wollen, und schreiben dies ihrem Geisteszustand zu:

> »Aber das sollte doch gar nicht bedeuten –«, fing Alice an; die Schwarze Königin jedoch fiel ihr ins Wort:
>
> »Das ist ja gerade das Traurige! Es hätte eben bedeuten sollen! Wozu, glaubst du denn, soll ein Kind gut sein, wenn es nichts bedeutet? Sogar ein Witz bedeutet irgend etwas – und ein Kind wird doch wohl noch mehr sein als ein Witz, will ich hoffen. Das könntest du nicht bestreiten, selbst wenn du beide Hände dazu nähmst.«
>
> »Zum Bestreiten nehme ich doch nicht die Hände«, wandte Alice ein.
>
> »Das behauptet ja auch niemand«, sagte die Schwarze Königin; »ich sagte nur, du könntest nicht, wenn du sie nähmst.«
>
> »Sie ist in einer Verfassung«, sagte die Weiße Königin, »in der sie gern irgend etwas bestreiten möchte – nur weiß sie nicht genau, was!«
>
> »Ein schlimmer, bösartiger Charakter«, bemerkte die Schwarze Königin, und darauf folgte eine längere, unbehagliche Stille.

In den Etablissements, die sich für die Behandlung solcher Zustände für kompetent halten, läßt sich diese Taktik mit Erfolg anwenden. Man stellt es dem sogenannten Patienten zum Beispiel frei, nach eigenem Ermessen zu entscheiden, ob er an den Gruppensitzungen teilnehmen will oder nicht. Lehnt er dankend ab, so wird er hilfreich-ernsthaft aufgefordert, seine Gründe anzugeben. Was er dann sagt, ist ziemlich gleichgültig, denn es ist auf jeden Fall eine Manifestation seines Widerstandes und daher krankhaft. Die einzige ihm offenstehende Alternative ist also die Teilnahme an der Gruppentherapie, doch darf er sich nicht anmerken lassen, daß ihm ja nichts anderes übrigbleibt, denn seine eigene Lage so zu sehen bedeutete immer noch Widerstand und Einsichtslosigkeit. Er muß also »spontan« teilnehmen wollen, gibt aber gleichzeitig mit seiner Teilnahme zu, daß er krank ist und Therapie braucht. In großen Gesellschaftssystemen mit Irrenhauscharakter ist diese Methode unter dem respektlos-reaktionären Namen *Gehinwäsche* bekannt. Doch diese Hinweise sprengen den bescheidenen Rahmen meines Leitfadens. Daher zurück zum Thema.

Ein wirksamer Störfaktor in Beziehungen besteht also darin, dem Partner nur zwei Möglichkeiten zur Wahl zu geben und, sobald er eine wählt, ihn zu beschuldigen, sich nicht für die andere entschieden zu haben. In der Kommunikationsforschung ist dieser Mechanismus unter dem Namen *Illusion der Alternativen* bekannt, und sein einfaches Grundschema ist: Tut er A, hätte er B tun sollen, und tut er B, hätte er A tun sollen. Ein besonders klares Beispiel dafür findet sich in Dan Greenburgs Anweisungen an jüdische Mütter [*How to be a Jewish Mother*]:

> »Schenken Sie Ihrem Sohn Marvin zwei Sporthemden. Wenn er zum erstenmal eines der beiden an-

> zieht, blicken Sie ihn traurig an und sagen Sie: »›Das andere gefällt dir nicht?‹«

Doch auch die meisten Jugendlichen sind naturbegabte Spezialisten auf diesem Gebiet und bringen es ohne weiteres fertig, den Spieß umzudrehen. In der Grauzone zwischen Kindheit und Erwachsenenalter stehend, ist es ihnen ein leichtes, von den Eltern jene Anerkennung und jene Freiheiten zu verlangen, die einem jungen Erwachsenen zustehen. Handelt es sich aber um die Pflichten eines Erwachsenen, können sie sich jederzeit hinter dem Hinweis verschanzen, dafür viel zu jung zu sein. Wenn Vater oder Mutter denn zähneknirschend wünschen, kinderlos geblieben zu sein, lassen sie sich mit Leichtigkeit als wahre Rabeneltern hinstellen. Irgendwie ist man an das herrliche Lied des Wiener Kabarettisten Gerhard Bronner vom halbstarken Motorradraser erinnert: »... I håb zwår ka Ahnung, wo i hinfahr, aber dafür bin i gschwinder durt ...«

Psychiater wie Psychologen sind noch um eine Erklärung verlegen, warum wir alle dazu neigen, dem Mechanismus der Illusion der Alternativen auf den Leim zu gehen, während wir meist keine Schwierigkeit haben, sowohl die eine wie auch die andere Alternative abzulehnen, wenn sie uns einzeln, also getrennt, offeriert werden. Diese Erfahrungstatsache muß man auszunützen lernen, wenn man sich der Komplizierung von Beziehungen widmen will. Hierzu einige einfache Übungen für Anfänger:

1. Ersuchen Sie jemanden, Ihnen einen bestimmten Gefallen zu tun. Sobald er darangeht, bitten Sie ihn rasch

um eine andere Verrichtung. Da er Ihnen die beiden Gefallen nur hintereinander und nicht gleichzeitig erweisen kann, haben Sie bereits gewonnen: Will er die erste, schon begonnene Verrichtung abschließen, können Sie sich beschweren, daß er Ihre zweite Bitte ignoriert, und umgekehrt. Wird er darob ärgerlich, können Sie gekränkt darauf verweisen, wie launenhaft er in letzter Zeit ist.

2. Sagen Sie oder tun Sie etwas, was man sowohl ernsthaft wie scherzhaft auffassen kann. Beschuldigen Sie dann Ihren Partner, je nach seiner Reaktion, eine ernsthafte Sache ins Lächerliche ziehen zu wollen oder keinen Sinn für Humor zu haben.

3. Ersuchen Sie Ihren Partner, diese Seite zu lesen, und zwar mit der Behauptung, daß diese Zeilen genau seine Haltung Ihnen gegenüber beschreiben. Im etwas unwahrscheinlichen Falle, daß er Ihnen recht gibt, hat er ein für allemal seine Manipulationen der Beziehung zu Ihnen eingestanden. Falls er aber – was wesentlich wahscheinlicher ist – Ihre Behauptung verwirft, haben Sie ebenfalls gewonnen. Sie können ihm nun nämlich beweisen, daß er »es« (mit seiner Ablehnung) gerade wieder tat, indem Sie etwa sagen: »Wenn ich deine Manipulationen schweigend hinnehme, manipulierst du mich noch mehr; wenn ich dich – wie eben – darauf aufmerksam mache, manipulierst du mich, indem du behauptest, mich nicht zu manipulieren.«

Dies sind nur ein paar einfache Beispiele. Wirklich begabte Unglücksaspiranten können diese Technik zu byzantinischen Verschachtelungen vortreiben, so daß der Partner sich zum Schluß ernsthaft fragt, ob er nicht wirklich verrückt ist. Der Kopf wird ihm jedenfalls schwimmen. Mit dieser Taktik ist nicht nur die eigene Rechtschaffenheit und Normalität bewiesen, sondern auch für ein gerüttelt Maß von Elend gesorgt.

Nützlich ist auch die Forderung nach einer Stufenleiter von Versicherungen, von denen jede, sobald gegeben, auf der nächsthöheren Stufe sofort in Frage gestellt wird. Meisterhafte Beispiele dafür finden sich in Laings Buch *Knoten*. Dabei spielt das Schlüsselwort *wirklich* eine entscheidende Rolle. Ebenfalls von ihm stammt das Musterbeispiel:

> *»Do you love me?«*
> *»Yes.«*
> *»Really?«*
> *»Yes, really!«*
> *»But really really?«*

Was darauf folgt, sind vermutlich Urwaldlaute. – Und da wir gerade bei Laing sind, empfiehlt sich die Erwähnung einer weiteren Taktik:

Glück und Glücklichkeit, das behauptete ich schon in der Einleitung, sind schwer, wenn überhaupt *positiv* zu definieren. Dies aber hat noch keinen Tugendbold daran gehindert, der Glücklichkeit *negative* Bedeutung zuzuschreiben. So lautet das inoffizielle Motto des Puritanismus bekanntlich: »Du darfst tun, was du willst, solange es dir keinen Spaß macht.« Ein wenig, aber nicht grundsätzlich anders stellte es einer der Teilnehmer an der (ebenfalls in der Einleitung erwähnten) Glücksdebatte [*Glück – Gerechtigkeit: Gespräche über zwei Hauptworte*] dar: »Ich glaube, es ist unerlaubt, von Glück zu reden unter den gegenwärtigen Weltzuständen.« In welcher geschichtlichen Epoche die gegenwärtigen Weltzustände nicht gegenwärtige Weltzustände waren oder sein werden, verschweigt er uns allerdings. Zugegeben, es fällt einem schwer, sich auch nur an einem Glas frischen Wassers zu erfreuen, während zur selben Zeit zum Beispiel eine halbe Million unschuldiger Zivilisten in West-Beirut am Verdursten sind. Selbst aber wenn einmal auf der ganzen Welt Glücklichkeit ausgebrochen sein wird, würde ein tugendboldiger Pessimist noch lange nicht verzagen. Er kann sich dann immer noch an Laings Rezept halten, indem er dem unschuldig sich freuenden Partner vorhält: »Wie kann es dir nur Spaß machen, wo Christus für dich am Kreuze starb? Hat es Ihm etwa Spaß gemacht?« Der Rest ist betretenes Schweigen.

1. Ist die Wirklichkeit wirklich wirklich?

Anmerkungen zum Konstruktivismus

Die neue Sicht der Dinge

Am Ende einer erfolgreichen Kurzbehandlung umreißt die Patientin, eine junge Frau, die grundsätzliche Änderung in der konfliktreichen Beziehung zu ihrer Mutter mit den Worten: »So wie ich die Lage sah, war es ein Problem; nun sehe ich sie anders, und es ist kein Problem mehr.« Von dieser Äußerung ließe sich einerseits sagen, daß sie die Quintessenz therapeutischen Wandels darstellt; andererseits könnte man sehr wohl einwenden, daß sich nichts »wirklich« verändert habe – außer bestenfalls etwas so Subjektives wie eine »Ansicht« oder eine »Einschätzung«. Der Umstand, daß die beiden Behauptungen widersprüchlich, aber doch sinnvoll sind, öffnet den Zugang zur Problematik, die dieses Referat behandeln möchte.

Im Jahre 1973 veröffentlichte der amerikanische Psychologe David Rosenhan eine aufsehenerregende Studie mit dem Titel *On being sane in insane places* (deutscher Titel: *Gesund in kranker Umgebung*). Es handelt sich dabei um den Abschlußbericht eines Forschungsprojekts, in dessen Rahmen sich Rosenhan und mehrere Mitarbeiter freiwillig in Nervenkliniken aufnehmen ließen, da sie angeblich Stimmen hörten und daher psychiatrische Behandlung wünschten. Sofort nach Aufnahme gaben sie an, nun keine Stimmen mehr zu hören, und verhielten sich von diesem Augenblick an in einer Weise, die außerhalb einer psychiatrischen Klinik für normal gegolten hätte. Die Dauer ihrer »Behandlungen« schwankte zwischen 7 und 52 Tagen, und sie wurden alle mit der Diagnose

»Schizophrenie in Remission« entlassen. Nicht einer von ihnen wurde als Pseudopatient entlarvt; vielmehr wurde jede ihrer Verhaltensweisen als weiterer Beweis für die Richtigkeit der Diagnose gewertet. Statt sich an den beobachtbaren Tatsachen zu orientieren, *erschuf* die Diagnose also eine »Wirklichkeit« sui generis, die dann ihrerseits alle klinischen Maßnahmen notwendig machte und rechtfertigte. – Als besonderes Kuriosum sei noch erwähnt, daß die einzigen, die an dieser Wirklichkeitskonstruktion nicht teilnahmen, mehrere »wirkliche« Patienten waren: »Du bist nicht verrückt – du bist ein Journalist oder ein Professor«; diese und ähnliche Bemerkungen wurden oft und zum Teil vehement gemacht.

Im Leben der eingangs erwähnten jungen Frau hatte sich offensichtlich derselbe Prozeß abgespielt – hier freilich in positiver statt in pathogener Richtung. Die Lage als solche hatte sich nicht verändert, wohl aber die Zuschreibung von Sinn und Bedeutung an die Gegebenheiten ihrer Beziehung zur Mutter.

Derartige Sinnzuschreibungen sind aber nicht das Abbild objektiv bestehender, sozusagen platonischer Wahrheiten, deren sich gewisse Menschen besser bewußt sind als andere, sondern sie sind überhaupt nur innerhalb eines bestimmten Kontexts denkbar. In Indien kann einem als *swami*, als Heiliger, vorgestellt werden, wer im Westen als katatoner Schizophrener diagnostiziert würde. Weder die eine noch die andere Einschätzung ist in irgendeinem objektiven Sinne wahr oder wirklich, die *Folgen* dieser Einschätzungen aber erschaffen konkrete Resultate persönlicher und gesellschaftlicher Natur.

In seinen Vorlesungen erwähnte Gregory Bateson häufig ein analoges Phänomen, das ihm im Rahmen seiner anthropologischen Studien im südostasiatischen Raum berichtet worden war und mit einer kulturspezifischen Pathologie, dem Amoklaufen, zu tun hat. Dabei handelt es sich bekanntlich darum, daß jemand plötzlich zu seinem Dolch (dem *kris*) greift, auf die Straße rennt und blindlings auf jeden Daherkommenden einzustechen beginnt. Zur Vermeidung eines noch größeren Blutbads wird der Amokläufer möglichst rasch getötet. Es darf daher angenommen werden, daß es sich um eine larvierte Form des Selbstmords handelt, gegen den im Islam religiöse Skrupel bestehen. Statt sich umzubringen, schafft der Amokläufer eine Situation, die seine Tötung notwendig macht und rechtfertigt. Im Zuge der Kolonialisierung jener Region durch die Holländer erfuhr das Phänomen des Amoklaufens langsam eine Umdeutung: Statt einer Form der Besessenheit wurde ihm die Bedeutung einer Geistesstörung zugeschrieben, die Behandlung erforderte. Das führte dazu, daß zumindest in den Städten, die meist über moderne Sozialeinrichtungen wie Polizei, Ambulanzen, psychiatrische Kliniken und andere Notstandsdienste verfügten, die Häufigkeit des Amoklaufens nachweislich zurückging. Bei aller Vorsicht vor »post hoc, ergo propter hoc«-Schlüssen, besonders in der Anthropologie, bleibt die Tatsache bestehen, daß dem Amokläufer nun statt eines raschen Todes ein langer Aufenthalt in einer geschlossenen Anstalt blühte, die vermutlich eher einem Gefängnis als einem Sanatorium glich. Wiederum führte die »bloße« Änderung in der Sinnzuschreibung an ein bestimmtes Verhalten zu einer wesentlichen, praktischen Änderung.

Diese Beispiele, die sich beliebig vermehren ließen, stehen in schroffem Widerspruch zum allgemein akzeptierten Kriterium der Wirklichkeitsanpassung als Gradmesser der geistigen Gesundheit oder Gestörtheit eines Menschen. Dabei handelt es sich um die scheinbar selbstverständliche Annahme, daß es eine wirkliche, das heißt objektive, menschenunabhängige Wirklichkeit gibt, deren sich normale Menschen klarer bewußt sind als sogenannte Geistesgestörte. Die Idee einer solchen Wirklichkeit ist philosophisch spätestens seit Hume und Kant unhaltbar; wissenschaftlich ist sie ebenso unhaltbar, seit sich die Einsicht durchgesetzt hat, daß die Aufgabe der Wissenschaft nicht das Finden endgültiger Wahrheiten sein kann.

Soweit mir bekannt ist, hat sich die Annahme einer »wirklichen« Wirklichkeit nur in der Psychiatrie erhalten. In diesem Zusammenhang scheint es nützlich, eine grundlegende Unterscheidung zweier Wirklichkeitsaspekte zu machen, die sich an einem einfachen, oft verwendeten Beispiel aufzeigen lassen: Die physikalischen Eigenschaften des Goldes sind seit altersher bekannt, und es ist unwahrscheinlich, daß sie (genau wie eine Unzahl anderer naturwissenschaftlicher Forschungsergebnisse) durch neuere Untersuchungen in Frage gestellt oder durch grundlegende Neuentdeckungen bereichert werden könnten. Wenn zwei Menschen also Meinungsverschiedenheiten über die physikalischen Eigenschaften des Goldes hätten, so wäre es verhältnismäßig einfach, den naturwissenschaftlichen Nachweis zu erbringen, daß einer von ihnen recht und der andere daher unrecht hat. Diese Eigenschaften des Goldes seien seine Wirklichkeit erster Ordnung genannt. Daneben aber besteht offensichtlich eine Wirklichkeit zweiter Ordnung des Goldes, nämlich sein Wert. Dieser hat absolut nichts mit den physikalischen Eigenschaften des Metalls zu tun, sondern ist eine von Menschen vorgenommene Zuschreibung. Zugegeben, auch diese Wirklichkeit des Goldes ist ihrerseits wieder das Resultat anderer Faktoren, wie zum Beispiel von Angebot und Nachfrage oder den letzten Äußerungen des Ayatollah Khomeini. All *diesen* Faktoren ist aber gemeinsam, daß sie menschliche Konstrukte und nicht der Abglanz menschenunabhängiger Wahrheiten sind.

Damit soll gesagt sein, daß die sogenannte Wirklichkeit, mit der wir es vor allem in der Psychiatrie zu tun haben, jeweils eine Wirklichkeit zweiter Ordnung ist und durch die Zuschreibung von Sinn, Bedeutung oder Wert an die betreffende Wirklichkeit erster Ordnung konstruiert wird. Der Unterschied zwischen diesen beiden Wirklichkeiten kommt in der bekannten Scherzfrage nach dem Unterschied zwischen einem Optimisten und einem Pessimisten zum Ausdruck: Der Optimist – so lautet die Antwort – sagt von einer Flasche Wein, daß sie halb *voll*, der Pessimist, daß sie halb *leer* ist. Dieselbe Wirklichkeit erster Ordnung, aber zwei grundverschiedene Wirklichkeiten zweiter Ordnung.

Nur wenn wir diese beiden »Wirklichkeiten« in einen Topf werfen, behält das Kriterium der Wirklichkeitsanpassung seine Gültigkeit. Halten wir uns davon frei, so sehen wir, daß zum Beispiel die eingangs erwähnte Situation zwischen Mutter und Tochter in ihrer Wirklichkeit erster Ordnung unverändert geblieben war und sich auf dieser Ebene nichts »wirklich« verändert hatte, daß in der Wirklichkeit zweiter Ordnung dagegen ein entscheidender Wandel eingetreten war: »So wie ich die Lage sah, war es ein Problem; nun sehe ich sie anders, und es ist kein Problem mehr.« Aber weder die frühere noch die neue Sichtweise der jungen Frau ist in irgendeinem objektiven Sinne »wahrer« oder »richtiger« als die andere – das Konkrete an der neuen Sicht ist, daß sie weniger Leid verursacht.

Der Radikale Konstruktivismus

An dieser Stelle möchte ich wiederum auf den Radikalen Konstruktivismus zurückkommen und die Untersuchung jener Prozesse, durch die wir unsere individuelle, familiäre, gesellschaftliche, politische, wissenschaftliche und ideologische Welt schaffen, dann aber naiverweise annehmen, daß die Welt wirklich so ist. Daß wir die Wirklichkeit nicht finden, sondern erfinden, ist für viele Menschen schockierend. Und das Schockierende daran ist, daß wir – nach der Auffassung des Radikalen Konstruktivismus – von der wirklichen Wirklichkeit (wenn es die überhaupt gibt) immer nur wissen können, was sie nicht ist. Im Zusammenbrechen unserer Wirklichkeitskonstruktionen erst erfahren wir, daß die Welt so nicht ist.

Der Konstruktivist Ernst von Glasersfeld schreibt in seiner Einführung in den Radikalen Konstruktivismus:

> Wissen wird vom lebenden Organismus aufgebaut, um den an und für sich formlosen Fluß des Erlebens so weit wie möglich in wiederholbare Erlebnisse und

> relativ verläßliche Beziehungen zwischen diesen zu ordnen. Das heißt, daß die »wirkliche« Welt sich ausschließlich dort offenbart, wo unsere Konstruktionen scheitern. Da wir das Scheitern aber immer nur in eben jenen Begriffen beschreiben und erklären können, die wir zum Bau der scheiternden Strukturen verwendet haben, kann es uns niemals ein Bild der Welt vermitteln, die wir für das Scheitern verantwortlich machen könnten.

Etwas bildhafter wäre folgende Analogie: Ein Kapitän hat in einer stürmischen, dunklen Nacht eine Meeresenge zu durchfahren, die er nicht kennt, für die er keine Seekarten besitzt und die keine Navigationshilfen wie Leuchtfeuer usw. hat. Unter diesen Umständen sind nur zwei Dinge möglich: Entweder er fährt auf eine Klippe auf und verliert Schiff und Leben. Im letzten Augenblick seines Lebens wird ihm klar, daß die Wirklichkeit dieser Meeresenge nicht so war, daß sein Kurs nicht den Gegebenheiten dieser Meeresenge entsprach. Oder aber er erreicht das offene Meer, dann weiß er nur, daß sein Kurs paßte, aber nicht mehr. Er weiß nicht, ob es nicht einfachere, kürzere Durchfahrten gegeben hätte als die, die er blind gewählt hat. Und er weiß auch nicht, wie die wirkliche Beschaffenheit der Meeresenge war.

Solange unsere Wirklichkeitskonstruktionen passen, leben wir ein erträgliches Leben. Wenn die Wirklichkeitsauffassungen zusammenbrechen, kann es zu jenen Zuständen kommen, für die sich die Psychiatrie zuständig betrachtet: Wahnsinn, Verzweiflung, Selbstmord und dergleichen mehr. Ich bilde mir nicht ein, daß ich den Menschen, denen ich helfen kann, die Wahrheit vermittle. Ich kann ihnen nur eine andere Konstruktion vermitteln, die eventuell besser paßt. Mehr nicht.

Interessanterweise ist dieses Problem nicht nur ein menschliches. Einer meiner Leser hat mir ein entzückendes Beispiel mitgeteilt. Er schrieb mir, daß er einen Dobermann besitze, der die Nacht jeweils im Haus verbringt und dann am Morgen in den Garten hinausgelassen wird, wo er zu einem bestimmten Baum rennt, um sein Geschäft zu verrichten. In der Zwischenzeit bereitet sein Herrchen in der Küche eine Schüssel Milch vor, die der Hund trinkt, sobald er aus dem Garten zurückkommt. Dieses Ritual wiederholt sich jeden Morgen. Eines Morgens jedoch war keine Milch im Haus. Als der Hund in die Küche stürmte, stand er fassungslos vor der leeren Schüssel. Und was tat er dann? Er lief zurück in den Garten, hob wieder sein Bein – ohne Erfolg – und stürmte in die Küche zurück. Ich glaube, es ist nicht allzu anthropomorphisch gedacht, wenn wir annehmen, daß auch Tiere mit einem ganz bestimmten Bild der Wirklichkeit arbeiten und ebenso das Grauen des Zusammenbrechens einer solchen Wirklichkeit erleben können.

Wenn Sie den *Steppenwolf*, jenen berühmten Roman von Hermann Hesse, kennen, erinnern Sie sich vielleicht an die Szene im Magischen Theater. Der Steppenwolf ist ein am Leben verbitterter, älterer Mensch, der im Laufe des Romans von Pablo in eine ganz neue Welt eingeführt wird. Eines Nachts gerät er ins Magische Theater, wo ihm Pablo erklärt, daß dieses Theater aus vielen Logen bestehe und sich hinter jeder Logentür eine von ihm frei gewählte Wirklichkeit befinde. In der Loge, die der Steppenwolf daraufhin betritt, erklärt ihm ein Schachmeister:

> »Die Wissenschaft hat insofern recht, als natürlich keine Vielheit ohne Führung, ohne eine gewisse Ordnung und Gruppierung zu bändigen ist. Unrecht dagegen hat sie darin, daß sie glaubt, es sei nur eine einmalige, bindende, lebenslängliche Ordnung der vielen Unter-Ichs möglich. (...) Wir ergänzen daher die lückenhafte Seelenlehre der Wissenschaft durch den Begriff, den wir Aufbaukunst nennen. Wir zeigen demjenigen, der das Auseinanderfallen seines Ichs erlebt hat, daß er die Stücke jederzeit in beliebiger Ordnung neu zusammenstellen und daß er damit eine unendliche Mannigfaltigkeit des Lebensspieles erzielen kann. Wie der Dichter aus einer Handvoll Figuren ein Drama schafft, so bauen wir aus den Figuren unsres zerlegten Ichs immerzu neue Gruppen, mit neuen Spielen und Spannungen, mit ewig neuen Situationen.« (...) Dann strich er mit heiterer Gebärde über das Brett, warf alle Figuren sachte um, schob sie auf einen Haufen und baute nachdenklich, ein wählerischer Künstler, aus denselben Figuren ein ganz neues Spiel auf, mit ganz anderen Gruppierungen, Beziehungen und Verflechtungen. Das zweite Spiel war dem ersten verwandt: es war dieselbe Welt, dasselbe Material, aus dem er es aufbaute. Aber die Tonart war verändert, das Tempo gewechselt, die Motive anders betont, die Situationen anders gestellt.

> Und so baute der kluge Aufbauer aus den Gestalten, deren jede ein Stück meiner selbst war, ein Spiel ums andre auf, alle einander von ferne ähnlich, alle erkennbar als derselben Welt angehörig, derselben Herkunft verpflichtet, dennoch jedes völlig neu.

Es ist hochinteressant, daß Hermann Hesse schon in den dreißiger Jahren diesen Schachmeister einen Aufbaukünstler nennt; also jemand, der Welten, Wirklichkeiten konstruiert, wie wir heute sagen würden.

Ein anderes Beispiel ist aus dem Roman von John Fowles, *Der Magus*. Der Magus ist ein reicher Grieche namens Conchis, der sich auf der imaginären griechischen Insel Phraxos die Zeit damit vertreibt, die Wirklichkeitsauffassungen der an der dortigen Schule jeweils ein Jahr lehrenden englischen Lehrer von Grund auf zu erschüttern. Wie er an einer Stelle dem jungen Englischlehrer »erklärt«, nennt er es das »Gottspiel«, »weil« das Spiel kein Spiel ist und »weil« es keinen Gott gibt. Und in seiner Besprechung des Romans stellt Ernst von Glasersfeld unter anderem fest:

> Fowles kommt dort zum Kernpunkt der konstruktivistischen Epistemologie, wo er Conchis die Idee der Koinzidenz erklären läßt. Er erzählt Nicholas zwei dramatische Geschichten, die eine von einem reichen Kunstsammler, dessen Château in Frankreich eines Nachts mit all seinem Besitz abbrennt, die andere von einem besessenen Bauern in Norwegen, der als Einsiedler seit Jahren auf die Ankunft Gottes wartet. Eines Nachts hat er die erwartete Vision. Conchis

> fügt hinzu, daß dies dieselbe Nacht war, in der das Château in Flammen aufging. Nicholas fragt: »Sie wollen doch damit nicht sagen ...« Conchis unterbricht ihn. »Ich will damit gar nichts sagen. Zwischen den beiden Ereignissen bestand kein Zusammenhang. Kein Zusammenhang ist möglich. Oder anders gesagt, ich bin der Zusammenhang. Ich selbst bin die Bedeutung des Zusammenhangs.«

Glasersfeld fügt hinzu:

> Dies ist eine auf den Alltag bezogene Paraphrase von Einsteins revolutionärer Einsicht, daß es in der physikalischen Welt keine Gleichzeitigkeit ohne einen Beobachter gibt, der sie erschafft.

Für viele Menschen ist der Radikale Konstruktivismus unannehmbar, ja geradezu skandalös. Sie halten ihn für eine aufgewärmte Form des Nihilismus. Ich behaupte, wenn es Menschen gäbe, die wirklich zu der Einsicht durchbrächen, daß sie die Konstrukteure ihrer eigenen Wirklichkeit sind, würden sich diese Menschen durch drei besondere Eigenschaften auszeichnen. Sie wären erstens frei, denn wer weiß, daß er sich seine eigene Wirklichkeit schafft, kann sie jederzeit auch anders schaffen. Zweitens wäre dieser Mensch im tiefsten ethischen Sinn verantwortlich, denn wer tatsächlich begriffen hat, daß er der Konstrukteur seiner eigenen Wirklichkeit ist, dem steht das bequeme Ausweichen in Sachzwänge und in die Schuld der anderen nicht mehr offen. Und drittens wäre ein solcher Mensch im tiefsten Sinne konziliant. Natürlich gibt es solche Menschen sehr, sehr selten. Ich habe in meinem Leben zwei getroffen, die vermutlich an dem Punkt angekommen waren.

Aber wir alle erleben gelegentlich kurze Momente, die irgendwie eine ganz besondere Bedeutung für uns haben können. Das Gesicht einer Katze. Oder die erste, dünne Mondsichel am Abendhimmel. Oder ein Klavierkonzert. Ich glaube, das sind Wahrnehmungen oder Erlebnisse, in die wir nichts hineinlesen können, denn sie sprechen für sich. Wir sind plötzlich mit einer anderen Wirklichkeit als unseren Zuschreibungen von Wirklichkeit konfrontiert.

Vom Mißbrauch erfundener Wirklichkeiten

Die Entdeckung, daß wir unsere Wirklichkeiten selbst erschaffen, kommt einer Vertreibung aus dem Paradies des vermeintlichen So-Seins der Welt gleich, an der wir zwar leiden können, für die wir uns aber nur in sehr beschränktem Maße verantwortlich fühlen. Nun steht vor uns nicht nur die Möglichkeit völliger Verantwortung für uns selbst, sondern auch für unsere Erfindung und Herstellung von Wirklichkeiten für andere.

Und hier liegt die Gefahr. Die Erkenntnisse des Konstruktivismus haben nicht nur den höchst wünschenswerten Vorteil, neue, wirkungsvolle Therapieformen zu ermöglichen – wie alles Heilende können sie auch mißbraucht werden. Werbung und Propaganda sind zwei besonders abstoßende Beispiele dafür. Beide versuchen bewußt, Einstellungen, Annahmen, Vorurteile und dergleichen hervorzurufen, denen dann ihre Verwirklichung sozusagen zwanglos und logisch folgt. Denn dank dieser Seelenwäsche wird die Welt dann »so« gesehen und *ist* daher »so«. Im Roman *1984* heißt diese wirklichkeitsschaffende Propagandasprache *Newspeak,* und George Orwell erklärt, daß sie »alle anderen Arten zu denken unmöglich macht«. In einer kürzlichen Besprechung eines in London erschienenen Sammelbandes über die Zensur in der Volksrepublik Polen schreibt Daniel Weiss über diese Sprachmagie:

> Man vergleiche etwa die für die Neusprache charakteristische Vielzahl von Adjektiven: Jede Entwicklung ist schon »dynamisch«, jede Plenarsitzung der Partei »historisch«, jede Masse »werktätig«. Der nüchterne Informationstheoretiker vermag in dieser Inflation sinnentleerter, automatisierter Epitheta einzig *Redundanz* zu erkennen. Bei wiederholtem Hinhören gewinnt diese Mechanik jedoch Beschwörungscharakter. Das sprachliche Wort ist nicht mehr Informationsträger, es wird *magischen* Zwecken dienstbar.

Schließlich *ist* die Welt dann eben *so.* Wie sie dazu *gemacht* wird, wußte schon Joseph Goebbels, als er zum Beispiel am 25. März 1933 die Rundfunkintendanten belehrte:

> Das ist das Geheimnis der Propaganda: den, den die Propaganda fassen will, ganz mit den Ideen der Pro-

paganda zu durchtränken, ohne daß er überhaupt merkt, daß er durchtränkt wird. Selbstverständlich hat die Propaganda eine Absicht, aber die Absicht muß so klug und so virtuos kaschiert sein, daß der, der von dieser Absicht erfüllt werden soll, das überhaupt nicht bemerkt.

In dieser Notwendigkeit, die Absicht zu kaschieren, liegt aber die Chance ihrer Überwindung. Wie wir gesehen haben, wird die erfundene Wirklichkeit zur »wirklichen« Wirklichkeit nur dann, wenn die Erfindung geglaubt wird. Wo das Element des Glaubens, der blinden Überzeugung fehlt, bleibt sie wirkungslos. Mit dem besseren Verständnis der selbsterfüllenden Prophezeiungen wächst auch unsere Fähigkeit, sie zu transzendieren. Die Prophezeiung, von der wir wissen, daß sie nur eine Prophezeiung ist, kann sich nicht mehr selbst erfüllen. Die Möglichkeit des Andersseins und die Möglichkeit des Zuwiderhandelns sind immer gegeben. Ob wir sie sehen und ergreifen, steht freilich auf einem anderen Blatt. Von Bedeutung ist hier eine Feststellung, die aus der scheinbar so entfernten Domäne der mathematischen Spieltheorie kommt. Schon Wittgenstein machte in seinen *Bemerkungen über die Grundlagen der Mathematik* darauf aufmerksam, daß gewisse Spiele mit einem einfachen Trick zu gewinnen sind. Sobald uns jemand auf das Bestehen dieses Tricks aufmerksam macht, brauchen wir nicht mehr naiv weiterzuspielen (und immer wieder zu verlieren). Auf diesen Überlegungen aufbauend, formuliert der Spieltheoretiker Howard dann sein *existentialistisches Axiom,* das darauf hinausläuft, daß jemand, »der sich einer sein Verhalten betreffenden Theorie ›bewußt‹ wird, ihr dadurch nicht länger unterworfen ist, sondern es ihm freisteht, sich über sie hinwegzusetzen«. Und an anderer Stelle führt er aus,

> daß man im Treffen einer bewußten Entscheidung immer die Freiheit hat, einer sein eigenes Verhalten voraussagenden Theorie zuwiderzuhandeln. Man könnte auch sagen, daß man eine solche Theorie immer »transzendieren« kann. Diese Annahme scheint durchaus realistisch. Wir glauben, daß im Rahmen sozialwissenschaftlicher Theorien die marxistische Theorie zum Beispiel wenigstens teilweise scheiterte, weil gewisse Angehörige der herrschenden Klasse, die sich der Theorie bewußt wurden, begriffen, daß es in ihrem Interesse lag, ihr zuwiderzuhandeln.

Und fast hundert Jahre vor Howard schreibt Dostojewskis Kellermensch in seinen *Aufzeichnungen aus dem Untergrund*:

> Ja, in der Tat, angenommen, daß man wirklich einmal die Formel für alle unsere Wünsche und Launen findet, ich meine, wovon sie abhängig sind, nach welchen Gesetzen sie eigentlich entstehen, wie sie sich durchsetzen, wohin sie in diesem oder jenem Falle tendieren und so weiter, kurz, eine richtige mathematische Formel dafür, – so wird der Mensch dann doch womöglich aufhören zu wollen, ja, er wird sogar bestimmt aufhören, überhaupt noch weiter zu wollen. Was ist denn das noch für ein Vergnü-

> gen, nach der Tabelle zu wollen? Und abgesehen davon: er würde sich dann doch sofort aus einem Menschen in ein Drehorgelstiftchen oder etwas dem Ähnliches verwandeln. [...]

Aber selbst wenn diese Mathematisierung unseres Lebens je erreicht würde, so wäre damit die Komplexität unserer Existenz keineswegs erfaßt. Die schönste Theorie ist der Anti-Theorie gegenüber machtlos; die Erfüllung auch der richtigsten Prophezeiung kann, wenn sie vor ihrem Eintreten bereits bekannt ist, zunichte gemacht werden. Für Dostojewski liegt viel mehr im Wesen des Menschen:

> Und nicht genug damit: selbst wenn er sich wirklich nur als Klaviertaste erwiese und selbst wenn man ihm das naturwissenschaftlich und mathematisch bewiese, selbst dann würde er nicht Vernunft annehmen, und zum Trotz noch absichtlich Unheil anstiften, natürlich nur aus purer Undankbarkeit; oder eigentlich nur, um auf dem Seinen zu bestehen. [...] Wenn Sie sagen, man werde auch dieses alles nach der Tabelle ausrechnen können, Chaos, Finsternis und Fluch, so daß schon die bloße Möglichkeit der vorherigen Berechnung alles zum Stocken brächte und die Vernunft dann doch Sieger bliebe, – so wird der Mensch in dem Falle womöglich mit Absicht verrückt werden, um keine Vernunft mehr zu haben und somit doch auf dem Seinen bestehen zu können! Daran glaube ich fest, dafür bürge ich, denn genaugenommen besteht doch das ganze menschliche Tun,

wie's scheint, tatsächlich bloß darin, daß der Mensch sich fortwährend selbst beweisen möchte, daß er ein Mensch ist und kein Stiftchen.

Nur – auch der Beweis des Kellermenschen dürfte eine sich selbst erfüllende Prophezeiung sein.

Zu einem sich ändernden Menschenbild in der Psychiatrie

Wie schon erwähnt, folgt die Psychiatrie dem wissenschaftlichen Paradigma der betreffenden Epoche mit respektvoller Verzögerung. Ansätze zum Ziehen der notwendigen Folgerungen aber bestehen immerhin seit geraumer Zeit.

Der Kinderpsychiatrie war es schon vor Jahrzehnten bekannt, daß das Verhalten des geistesgestörten Kindes nicht nur ein schweres Problem für seine Eltern darstellte und daher die ganze Familie beeinflußte, sondern auch, daß das Verhalten der Eltern einen unleugbaren, offensichtlichen Einfluß auf den Störungsgrad des Kindes hatte. Diese Einsicht ergab sich dadurch, daß wenigstens bei ambulanter Behandlung die Mutter den kleinen Patienten in die Klinik bringt, auf ihn wartet und ihn wieder nach Hause zurückbringt. Viel öfter als bei erwachsenen Patienten hat der behandelnde Arzt also die fast zufällige Möglichkeit, die Interaktion zwischen Mutter und Kind zu beobachten und festzustellen, daß sehr oft die Auslöser der Störungen von der Mutter und nicht vom Kinde ausgehen. Besonders im Hinblick auf die extreme Asymmetrie der Mutter-Kind-Beziehung, in der das Kind weitgehend von der Mutter abhängt, führte diese Beobachtung zum logischen Schluß von der Mutter als der Verursacherin der Schwierigkeiten des Kindes. Damit schien ein neuer Gesichtspunkt gewonnen – in Wirklichkeit hatte man aber nur die Richtung der Kausalabläufe umgekehrt, d.h. die Positionen von Ursache und Wirkung vertauscht.

An dem auch dieser Auffassung zugrundeliegenden Kausalitätsschema hatte sich nichts geändert; genau wie im Menschenbild der in den sechziger Jahren so viel Furore machenden Antipsychiatrie ganz einfach Ursache zu Wirkung und Wirkung zu Ursache umfunktioniert wurde: Wenn vorher der Patient für verrückt und die Gesellschaft für unschuldig und normal galt, wurden nun Gesellschaft und Familie als soziale Erzübel gesehen und der sogenannte Patient als der einzig Normale in einem kranken und krankmachenden Milieu. Auch hier hatte sich am grundlegenden Denkmodell nichts geändert, nur die Zuschreibung ursächlicher Schuld war umgekrempelt worden.

Mit dem Einbruch des Informationsbegriffes in die Wissenschaft trat jedoch ein Wandel ein. Zu offensichtlich waren die Denkanstöße, die aus anderen Wissensgebieten her an die Psychiatrie gelangten. Die Auffassung der menschlichen Monade, des Individuums, als dem Maß aller Dinge und seiner seelischen Störungen daher als rein intrapsychischer Natur, wurde langsam unhaltbar. Selbst wenn eine Störung ihre Ursache ausschließlich im Kräftespiel der seelischen Energetik hätte, so wären ihre Auswirkungen dennoch zwischenmenschlich,

d. h. sie ließen sich nur aus dem Verhalten des Betreffenden feststellen. Denn wie kommt der Diagnostiker überhaupt zur Annahme einer psychischen Störung? Ausschließlich durch die Beobachtung des Verhaltens; wobei unter Verhalten natürlich auch die Übermittlung sprachlicher Information zu verstehen ist – also Träume, freie Assoziationen und selbst scheinbar objektive Testergebnisse wie beim Rorschach, dem TAT, den Intelligenzmessungen und dergleichen. Im Menschenbild der klassischen Psychiatrie gilt aber dieses Verhalten, obwohl Rohmaterial und Ausgangspunkt aller Exploration, gleichzeitig doch nur als Folgeerscheinung innerer Gegebenheiten. Das zu Erklärende wird damit unversehens zu seiner eigenen Erklärung. Irgendwie ist man an Platons Analogie gemahnt, in der an der Rückwand der Höhle sich die Schatten dessen abzeichnen, was draußen ursächlich und primär vor sich geht. Der Grund aber, weshalb der Psychiater als Beobachter dieses Schattenspiels nicht die an sich naheliegende Konsequenz zieht, sich um 180 Grad herumzudrehen und die Höhle zu verlassen, statt über die Gegebenheiten nur zu spekulieren, ist durch die Auffassung des Individuums als Forschungsobjekt in letzter Instanz und als kontextunabhängiger Monade zwingend bestimmt. Das Bild vom Menschen als dem Maß aller Dinge macht diese epistemologische Akrobatik unausweichlich. Wo anders als *im* Menschen könnte das Menschliche liegen?

Gerade aber hier, mit dieser scheinbar so selbstverständlichen Logik des Innen und Außen, wird Neuland betreten. Wie weit reicht der Mensch? Ist er durch seine Haut klar abgegrenzt? Um eine Batesonsche Analogie zu verwenden: Ist die Spitze des Blindenstocks der Berührungspunkt des Blinden mit der Außenwelt oder der Griff, den er in der Hand hält? Liegt er auf halbem Wege zwischen den beiden Enden des Stocks? Gehört der Hammer zur Innen- oder Außenwelt des dahinhämmernden Schusters? Aus diesen einfachen Beispielen erhellt sich die Fragwürdigkeit unserer Auffassung vom Individuum und seiner psychischen Prozesse. Die räumliche Orientierung des Blinden muß den Raum selbst einbeziehen und ferner seinen Stock als Verbindungsglied zwischen ihm und dem Raum. Nicht einmal dieser einfache Vorgang läßt sich in Begriffen des monadischen Menschenbildes erklären. Es handelt sich vielmehr um einen kreisförmigen Informationsablauf, der aus dem Blinden, dem Stock, dem Pflaster des Gehsteigs, den Rückmeldungen des vielfältigen Herumtappens des Stocks und vermutlich vielen weiteren Elementen besteht. Keinem einzigen dieser Elemente und Vorgänge kommt ein Primat zu; sie sind alle gleicherweise unerläßlich. Zusammen bilden sie einen Schaltkreis, der ununterbrochen von Informationen durchlaufen wird und in dem die kleinste quantitative oder qualitative Veränderung an irgendeinem Punkt sofort an alle anderen Punkte des Kreises weitergemeldet wird und deren Funktion verändert. Im Weltbild der modernen Wissenschaft sind diese Kreise die kleinsten, unteilbaren Einheiten. Wollte man sie dennoch in »einfachere« Bestandteile zerlegen, so würde es notwendig, diesen Bestandteilen dann Eigenschaften zuzuschreiben, die sie nicht haben.

Es kann aber nicht nachdrücklich genug betont werden, daß Phänomene, denen wenigstens im Vokabular unserer Umgangssprache seelische oder intelligente Eigenschaften nicht abzusprechen sind, weder der Beteiligung des Menschen noch der eines angenommenen *Spiritus rector* bedürfen. Alles, was in früheren Zeiten für eine von Gott der dumpfen Materie eingehauchte Zweckmäßigkeit und Zielgerichtetheit galt, läßt sich heute zwanglos als notwendige Folge von bestimmten, der Natur im weitesten Sinne innewohnenden Regelungsprozessen verstehen. Norbert Wiener gab dieser Denkrichtung und ihren technischen Anwendungen den Namen *Kybernetik*. Es sei hierzu ein Beispiel gestattet, das eben wegen seiner Trivialität überzeugt: Wohl jedermann kennt den Wärmeregler (Thermostaten) in modernen Häusern. In Begriffen der modernen Elektronik handelt es sich um eine Vorrichtung von banalster Einfachheit. Der Thermostat mißt die Temperatur im Hause; steigt sie über das gewünschte Maß an, so schaltet er die Heizung ab, sinkt sie unter den eingestellten Wert, so bewirkt diese Abweichung von der Norm das Wiedereinschalten der Heizung. Das bei näherer Überlegung Erstaunliche daran ist, daß dieses lächerlich einfache Instrument es fertigbringt, die Schwankungen der Wetterlage auszugleichen, deren Entstehung so unerhört komplex und durch so zahlreiche unvorhersehbare Faktoren bedingt ist, daß es der Meteorologie bis heute nicht gelungen ist, ein brauchbares mathematisches Modell dieser komplizierten Ursachen und ihrer Wechselwirkungen zu entwerfen. Das kausalgenetische Denken versagt hier also. Der Thermostat dagegen, der weder Fachmann der Wetterkunde ist noch den letzten Wetterbericht gelesen hat, bringt etwas zustande, dem intelligente, »seelische« Fähigkeiten im herkömmlichen Sinne nicht abzusprechen sind; Fähigkeiten, die im Bereich des Physiologischen, also des hautbegrenzten Körpers, übrigens für selbstverständlich gelten. Und wie bringt der Thermostat dies zuwege? Indem er die astronomische Komplexität der zusammenspielenden Faktoren nicht kausal zu erfassen versucht, sondern *eine* einzige Schwankung, die der Temperatur von der gewünschten Norm, aufgreift und – wie schon Watt es tat – diese Abweichung in den Dienst ihrer eigenen Korrektur stellt.

Die meisten von uns sind bereit, diesen Sachverhalt gelassen hinzunehmen, solange es sich um Physiologie, Dampfmaschinen, Kühlschränke, Bügeleisen und hunderterlei andere, alltägliche Anwendungen dieses Prinzips handelt. Sobald es aber in das Bild des Menschen hereinzureichen beginnt, wird es zum Gegenstand heftiger Kontroverse.

»Umdeuten«

Einem alten Bonmot zufolge ist ein Optimist jemand, der sagt, eine Flasche sei halb voll, während ein Pessimist beklagt, daß sie halb leer sei – und doch meinen beide dieselbe Flasche und dieselbe Menge Wein. Der Unterschied, um den es hier geht, beruht auf ihrer unterschiedlichen Sicht derselben Wirklichkeit, doch es sollte zugleich klar sein, daß die eine Sicht nicht »richtiger«, »normaler« oder »wirklichkeitsangepaßter« ist als die andere. Ebenso handelte Alexander der Große, als er den Knoten, mit dem Gordios, der König der Phrygier, das Joch an die Deichsel seines Streitwagens gebunden hatte, durchschlug, ganz offensichtlich aufgrund einer anderen Sicht des Problems: Wie kann man den Wagen vom Joch trennen, und nicht: Wie kann man den Gordischen Knoten lösen (was vor ihm viele vergeblich versucht hatten). Und fünf Jahrhunderte später machte der griechische Stoiker Epiktet seine berühmte Aussage: »Nicht die Dinge an sich beunruhigen uns, sondern die Meinungen, die wir über die Dinge haben.«

Während die meisten, die in unserem Bereich arbeiten, zustimmen werden, daß die »Wirklichkeitsanpassung« einer Person das wichtigste Kriterium für ihre geistige Normalität oder ihre Geistesgestörtheit ist, sind sich nur wenige der Tatsache bewußt, daß wir, wenn wir über die Wirklichkeit sprechen, vermutlich zwei ganz verschiedene Arten von Wirklichkeit miteinander vermengen: eine, die die physischen Eigenschaften der Gegenstände unserer Wahrnehmung betrifft, und eine zweite, die darauf beruht, daß wir diesen Gegenständen *Bedeutung* und *Wert* zuschreiben. Genau dies meinte Epiktet offensichtlich.

Obwohl es unzweifelhaft wahr ist, daß im Fall einer besonders schweren Funktionsstörung diese Störung in die erste Wirklichkeit der Person, ihre Wirklichkeit erster Ordnung, in Form von Wahnvorstellungen, Halluzinationen usw. eindringen kann, stellen wir fest, daß die überwältigende Mehrheit der menschlichen Probleme nur die zweite Wirklichkeit, die Wirklichkeit zweiter Ordnung, betrifft. Innerhalb dieses Bereichs gibt es jedoch kein objektives Kriterium dafür, was wirklich wirklich ist – denn die Bedeutung und/oder der Wert, die einem Gegenstand, einer Situation oder insbesondere der

Art einer menschlichen Beziehung zugeschrieben werden, hat nichts mit angeblich objektiven platonischen Wahrheiten zu tun, deren geistig gesunde Menschen sich bewußter sind als verrückte. Wenn ein Ehemann beispielsweise seine Sicht der ehelichen Beziehung definiert, indem er erklärt: »Ich weiß, daß du mich verachtest«, und seine Frau unter Tränen erwidert: »Wie soll ich dich nur davon überzeugen, daß ich dich liebe«, dann gibt es keine Möglichkeit, objektiv festzustellen, wer recht hat und wer unrecht und welcher Art ihre Beziehung wirklich ist. Ebenso ist ein Lächeln ein objektiv verifizierbares Ereignis innerhalb unserer Wirklichkeit erster Ordnung. Seine Wirklichkeit zweiter Ordnung, das heißt die Frage, ob es Sympathie oder Geringschätzung ausdrückt, liegt jenseits aller objektiven Nachprüfbarkeit. Um zu unserem Ausgangspunkt zurückzukehren: Ob die Flasche als halb voll oder halb leer gesehen wird, hat nichts mit der Flasche als solcher zu tun, sondern mit dem jeweiligen Bezugssystem der Person.

Ich behaupte, daß jede wirkungsvolle Psychotherapie in einer erfolgreichen Veränderung dieses Bezugssystems oder, anders ausgedrückt, der Bedeutung und des Werts besteht, die eine Person einem besonderen Wirklichkeitsaspekt zuschreibt und die je nach Art dieser Zuschreibung der Grund für ihren Schmerz und ihr Leiden sind. Dies mag als eine sehr willkürliche Definition von Therapie erscheinen und gewiß als eine, die oberflächlich und »unpsychologisch« klingt. Man sollte jedoch nicht vergessen, daß diese Definition selbst eine Umdeutung ist, die eine andere »Wirklichkeit« schafft und therapeutische Interventionen ermöglicht, die im Rahmen anderer

Therapietheorien »unmöglich« sind. »Die Theorie bestimmt, was wir beobachten können«, sagte Einstein schon 1926 zu Heisenberg, und auf dem Gebiet der Psychotherapie könnten wir seine Behauptung wie folgt paraphrasieren: »Die Theorie bestimmt, was wir *tun* können.« Um ein Beispiel zu geben:

Einem jungen, intelligenten Studenten fällt es immer schwerer, sich auf sein Studium zu konzentrieren. Dies macht ihn sehr besorgt, weil er Gefahr läuft zu versagen, aber auch, weil ihn das Gebiet, das er gewählt hat, sehr interessiert und er glaubt, daß irgend etwas mit ihm nicht stimmen kann, da das Studieren ihm so gar keine Freude macht. Außerdem fühlt er sich schuldig, weil er eine finanzielle Last für seine Eltern ist, ohne als Dank für ihre Unterstützung irgendwelche Erfolge vorweisen zu können. Ein Therapeut, der mit diesem Problem konfrontiert wird, kann nun zwei ganz unterschiedliche Wege beschreiten. Er kann einerseits den Widerstand des jungen Mannes gegen das Studieren analysieren und versuchen, die Gründe hierfür in der Vergangenheit aufzudecken und dem Studenten dadurch seine Situation verständlich zu machen. Die andere Möglichkeit, sich dem Problem zu nähern, würde darin bestehen, sich mit seiner Grundprämisse zu befassen, nämlich, daß Studieren etwas Erfreuliches sein und er seinen Eltern wirklich dankbar sein sollte. Dies kann dadurch erreicht werden, daß der Therapeut ihm vor Augen führt, daß Studieren selbst unter den besten Voraussetzungen eine unangenehme Pflicht ist und daß seine Vorstellung, er müsse es trotzdem irgendwie mögen, einfach unrealistisch ist. Das gleiche gilt für sein Gefühl, seinen Eltern verpflichtet zu sein: Dankbar sein ist eine

Sache, gern dankbar sein zu müssen, eine ganz andere. Der Therapeut kann es ihm überlassen, seine unrealistische, unreife Einstellung zum Studium beizubehalten oder die Reife und den Mut zu zeigen, eine herzliche Abneigung dagegen zu haben. Er kann ihn sogar anweisen, jeden Tag eine kurze, begrenzte Zeit dafür zu reservieren, all die unangenehmen Aspekte des Studierens zu überdenken, den Wettbewerb mit anderen Studenten, die Angst vor Prüfungen, die Irrelevanz vieler Aspekte seines Studiums und die Beeinträchtigung der angenehmeren Seiten des Studentenlebens durch sie. All dies wird immer wieder als eine reife, realistische Einstellung dem Leben gegenüber beschrieben, das als eine Mischung von angenehmen und unangenehmen Dingen definiert wird. Gewöhnlich führt diese Art von Intervention dazu, daß sich die Leistung des Studenten verbessert, da seine Schwierigkeiten nicht in erster Linie daraus resultierten, daß er mit dem Studieren Probleme hatte, sondern daß seine Prämisse hinsichtlich des Studierens falsch war; diese Prämisse ist nun erfolgreich umgedeutet worden.

Ein anderes Beispiel aus dem gleichen Kontext wäre das eines Studenten, der behauptet, er könne nicht studieren, weil er sich zu sehr seinen außeruniversitären Aktivitäten widme. Ihm ist klar, daß er seinen Büchern mehr Zeit widmen sollte, und er versucht, sich zu zwingen, jeden Tag ein Minimum an Leistung zu erbringen, doch so eifrig und so lange er auch zu studieren versucht, es gelingt ihm einfach nicht, seinen schweifenden Geist auf seine Bücher zu konzentrieren. In diesem Fall kann eine Verbesserung ziemlich rasch durch eine Verhaltensverschreibung erreicht werden, die auf der Übereinkunft gründet, daß er lediglich eine vernünftige, aber begrenzte Zeit seinem Studium widmet und daß er danach, ganz gleich, wie viel oder wie wenig er erreicht hat, frei sein würde zu tun, was immer ihm beliebt, *außer* zu studieren. Diese Intervention läuft auf eine Umdeutung seiner Wirklichkeit zweiter Ordnung hinaus: Freizeit ist nicht länger eine überaus verlockende Alternative zum Studieren, sie ist jetzt vielmehr fast zu einer Strafe geworden (dem Dilemma vieler Menschen vergleichbar, die an Werktagen gern im Bett bleiben würden, am Samstag- und Sonntagmorgen aber, wenn sie so lange schlafen könnten, wie sie wollen, hellwach sind). Spiegelbildlich dazu verhält sich die bekannte Szene, in der Tom Sawyer, der verurteilt wurde, einen langen, hohen Zaun weiß zu streichen, diese Strafe für seine Freunde in ein Privileg umdeutet, an dem sie gegen eine Gebühr teilhaben dürfen.

Für den Kliniker, der mit den krassen Erscheinungsformen der Psychopathologie konfrontiert wird, wirken diese Beispiele trivial. Wir erwähnen sie hier jedoch, weil sie in ihrer Einfachheit das Wesen dieser Art therapeutischer Intervention zeigen. Umdeuten bedeutet einer an anderer Stelle gegebenen Definition zufolge, »den begrifflichen und gefühlsmäßigen Rahmen, in dem eine Sachlage erlebt und beurteilt wird, durch einen andern zu ersetzen, der den ›Tatsachen‹ der Situation ebensogut oder sogar besser gerecht wird und dadurch ihre Gesamtbedeutung ändert«.

Dies ist natürlich keine Psychologie mehr, sondern Ontologie, eine Disziplin, die der Logiker Quine einmal definierte als die Theorie des »Was da ist«. Doch was da ist,

»wirklich ist«, wird von der Theorie bestimmt, und daher gibt es ebenso viele Wirklichkeiten (zweiter Ordnung), wie es Theorien gibt. Wir haben bereits gesehen, daß die Bedeutung und der Wert, die wir einem Gegenstand zuschreiben, für denjenigen, der diese Zuschreibung vornimmt, die Wirklichkeit zweiter Ordnung dieses Gegenstands schaffen, die dann für sein Leiden oder seine Freude verantwortlich ist. Die Umdeutung ist daher eng mit diesem unbeendbaren ontologischen Prozeß der Erzeugung von Wirklichkeiten zweiter Ordnung verbunden. Wenn sie erfolgreich ist, erzeugt sie für die Patienten tatsächlich eine neue Wirklichkeit (zweiter Ordnung), während die Wirklichkeit erster Ordnung seiner Welt, die »reinen Fakten«, unverändert (und gewöhnlich unveränderlich) bleibt.

Interludium: Die Geschichte von Ide Olog

Wenn etwas schlecht ist, muß das Gegenteil gut sein – das scheint fast noch logischer als das Vertrauen ins doppelt so Gute. Von wem diese Idee in die Welt gesetzt wurde, kann anscheinend niemand mit Sicherheit angeben, doch neigen Philosophen und Religionshistoriker dazu, sie Mani in die Schuhe zu schieben. Mani (216–276) war bekanntlich der Gründer einer gnostischen Weltreligion, eben des Manichäismus, deren rasche Verbreitung eine Zeitlang fast das Christentum verdrängte. Er verfocht einen radikalen Dualismus, einen unvereinbaren Gegensatz zwischen Licht und Finsternis, Geist und Materie, Gott und Teufel; ein Gegensatz, der nur durch den absoluten

Sieg des Guten gelöst werden kann. Ob unsere Ahnen wirklich auf Mani warten mußten, um die Welt in Gegensatzpaare aufzuspalten, scheint fraglich. Schließlich hatten Adam und Eva schon lange vor Mani vom Baume der sogenannten Erkenntnis gegessen und dabei gut von bös zu unterscheiden gelernt; und zweitens scheinen sogar die Tiere mit dieser Philosophie ganz gut auszukommen. Fressen ist gut, Hungern ist schlecht, Gefressenwerden erst recht – so *ist* die Welt, und um das zu verstehen, braucht man kein Philosoph zu werden. Also?

Leider oder – je nach Geschmack – glücklicherweise ist es aber nicht so einfach. Und um das näher zu untersuchen, wollen wir uns die Laufbahn eines nur scheinbar erdichteten Mannes vor Augen führen, der allen Ernstes nach der Philosophie der Gegensatzpaare zu leben versucht. Ich sage »scheinbar erdichtet«, da dem Leser dazu sofort die Namen zahlreicher Persönlichkeiten aus allen Zeiten und Zonen einfallen werden. Er soll meinetwegen den exotischen Namen Ide Olog haben. Also:

Aus Ologs frühem Leben ist nicht viel zu berichten, außer, daß er ein empfindsames Kind war, obwohl (oder vielleicht gerade weil) seine Kindheit ungewöhnlich frei von Unannehmlichkeiten, Versagungen und Enttäuschungen gewesen war und nie jemand besondere Ansprüche an ihn gestellt hatte. Er war also denkbar schlecht darauf vorbereitet, was über ihn hereinbrach, als er das Elternhaus verließ. Die Kalamität kam für ihn recht nahe an die biblische Vertreibung aus dem Paradies heran, und vor allem wurde auch er sich der Zweiteilung unserer Welt in gut und bös bewußt. Der wesentliche Unterschied zwischen ihm und unser aller Urvater war aber der, daß – soweit wir es wissen – Adam sich irgendwie mit der neuen Lage abfand, der junge Olog aber vor allem darüber empört war, daß die Umwelt plötzlich ihren selbstverständlichen Verpflichtungen ihm gegenüber nicht mehr nachkam. Die Welt war aus den Fugen – im Gegensatz zu Hamlet aber gefiel es ihm zu denken, daß er geboren war, sie wieder einzurenken.

Damit aber setzte er sich selbst auf die Kandidatenliste der Hexen. Denn wie die Geheimdienste immer auf der Suche nach Trinkern, Bankrotteuren und Schürzenjägern sind, die sich unter Druck setzen lassen, nehmen sich Hekate und ihre Agentinnen mit Vorliebe jener Menschen an, die die Welt nicht nur einrenken, sondern womöglich sogar beglücken wollen.

»Der junge Olog ist wirklich vielversprechend«, sagte die Hexe, die ihn schon länger beschattete. »Stellt euch vor, heute hatte er einen Wutanfall, als er im Postamt recht lieblos aufgefordert wurde, sich gefälligst wie alle anderen vor dem Schalter anzustellen. Nun sitzt er daheim und brütet.«

»Ha, Brüter gefallen mir, vor allem schnelle«, sagte die zweite Hexe, »mit denen kommt man rasch weiter!«

Hekate war interessiert und ließ sich Vorschläge machen. Schließlich einigte man sich auf ein stufenweises Vorgehen, dessen Verlauf und Erfolg nun beschrieben werden soll.

Als erstes erzeugte man in Olog die fraglose Gewißheit, daß seine Sicht der Welt die einzig richtige war. Das zu erreichen war nicht besonders schwierig, da sein geistiger Horizont ungefähr die Breite eines Fernsehschirms hatte und ihm daher die ernüchternde Erkenntnis erspart blieb, daß die genialen Lösungen, die da so morgenrot und taufrisch im Osten aufsteigen mögen, unweigerlich schon da gewesen waren und vor mindestens 40 Jahren als zwecklos über den westlichen Horizont hinunter in die Kläranlage der Ideen gespült worden waren.

Der zweite Schritt hatte fast sofortigen Erfolg. Es drängte sich Olog nämlich die Frage auf, wieso nur er das Übel der Welt so klar sah, die anderen aber tatenlos dahinvegetierten und sich mit den Gegebenheiten abfanden. Da mußte eine finstere Macht im Spiele sein, die die Menschheit ... Moment, ja, das war's: die die Menschheit *mystifizierte.* Und nun hatte das Phänomen einen Namen, und da es einen Namen hatte, war es ein Phänomen, ein wirkliches, feststellbar existierendes Phänomen. Ja, glauben Sie denn vielleicht, daß es Namen ohne die benannten Dinge gibt? Namen ohne Substanz, so wie Engelchen auf Barockgemälden, die nur Kopf und Flügel, aber keine Körper haben? Nein, nein, das Entdecken eines Namens ist das Entdecken des *Dings.* Wenn dem nicht so wäre, stünde es schlecht um uns, denn was täten wir ohne Äther, Phlogiston, Erdstrahlen, Einflüsse der Planeten, Schizophrenie, Phrenologie, Charakterologie, Numerologie? Und glauben Sie, es war ein Zufall, daß schließlich Vor- und Zuname unseres Helden zum Begriff *Ideologie* verschmolzen? – Doch noch sind wir nicht soweit.

Und wer mystifiziert? Doch nur, wer ein Interesse daran hat, die Massen in ihrer dumpfen Bescheidung in die Unvollkommenheit der Welt zu belassen. Leute also, die dem Marsch der Menschheit in das irdische Paradies im Wege stehen. Wer sind sie, wo stehen sie? Bekanntlich ist es schwer, jemanden zu finden, von dessen Verbleib man keine Ahnung hat. Da schien es Olog viel einfacher, die Massen in Schwung zu bringen, ihnen die Augen für die Wahrheit zu öffnen. – Sie sehen, wie Olog das Denken in Gegensatzpaaren bereits beherrschte: wahr und falsch, Glück und Unglück, aktiv und passiv, frei und unfrei, und vor allem, gut und schlecht.

Man mißverstehe mich bitte nicht: Olog war ein reiner Tor; er wollte das Gute und das Glück, und er wollte es für alle – auch für die, die es noch nicht begriffen hatten. Damit aber war er an jenem Punkte angelangt, an dem der weitere Verlauf der Dinge seine Eigendynamik annahm und zwischen Olog und Macbeth keine wesentlichen Unterschiede mehr bestanden. Freilich watete er (noch) nicht in Blut, während Macbeth anscheinend aber auch jedes »Sendungsbewußtsein« abging; er war ja kein Ideologe, sondern »nur« ein machthungriger, sicherheitsbesessener Gewalttäter.

Wie aber kam es schließlich doch dazu, daß Olog in seinem Sendungsbewußtsein eine Zeitbombe in einem überfüllten Bahnhofrestaurant zur Explosion brachte, die mehrere Menschen tötete und viele verletzte?

Hier wird es notwendig, ein bisher unerwähntes Element in meine Darlegungen einzubeziehen. Der Leser mag jetzt den Eindruck haben, daß Hekate ihre finsteren Patendlösungen [s.* S. 62] einer hilf- und wehrlosen Welt eingibt, die sich der jeweiligen Katastrophe erst bewußt wird, wenn es längst zu spät ist. (»Blödsinn, der nimmerzulöschende jetzt, Schicksal genannt«, nennt Max Frisch dies in seinem *Biedermann und die Brandstifter.*) Es gibt nämlich Individuen, die es irgendwie fertigbringen, Hekate in die Karten zu schauen, und die ihr Spiel zu stören trachten. Von diesen Wölfen im Schafspelz werden wir im Laufe meiner Fallbeschreibungen mehrere kennenlernen. Einer von ihnen, zum Beispiel, ist Hermann Lübbe, der den Mechanismus der Selbstermächtigung zur Gewalt identifizierte. Er macht uns Ologs aus Liebe zur Menschheit geborenen Terrorakt verständlicher. Wenn nämlich ein zunächst nur von des Gedankens Blässe angekränkelter Rufer in der Wüste sich kein Gehör verschaffen kann, phantasiert er sich früher oder später in die Rolle des Chirurgen hinein, den die Vorsehung dazu aufgerufen hat, im Interesse der hilfsbedürftigen, aber begriffsstutzigen Menschheit das heilende Messer anzusetzen. Zu erwähnen wäre nur noch, daß *er* an seiner Tat nur eines unverständlich fand, nämlich daß sie, statt die mystifizierende Zwangsordnung zu destabilisieren, nur bewirkte, daß das Grauen und die Empörung über das Blutbad auch Menschen verschiedenster Anschauungen einander näher brachte und nach mehr derselben Ordnung rufen ließ. Es versteht sich von selbst, daß er sich daher zu mehr derselben Wahnsinnstaten veranlaßt fühlte.

Soweit der Fall des Ideologen Olog. Der Leser mag ihn vielleicht ganz anders sehen. Ich berichte nur, enthalte mich aber jeder Stellungnahme. Freilich hatte schon Heraklit warnend darauf verwiesen, daß extreme Haltungen nicht zur Aufhebung des Gegensatzes, sondern vielmehr zur Stärkung des Gegenteils führen. Aber wen kümmert schon Heraklit? Es ist viel edler und heroischer, sich rest- und vorbehaltlos einer herrlichen Idee zu verschreiben, auch wenn man sich dabei die Hände schmutzig macht und das Schicksal bald an die Pforte klopft (pumpumpum-pomm ...).

Die Hexen jedenfalls gratulierten sich herzlich. Wieder einmal war ihnen der im Grunde lächerliche Trick gelungen, das Schlechte des Guten für ihre Zwecke nutzbar zu machen. Und damit komme ich endlich zum Wesentlichen: Im vorhergehenden Kapitel sahen wir, daß doppelt soviel nicht immer zweimal so gut ist. Nun erhebt sich der Verdacht, daß das Gegenteil von schlecht nicht notwendigerweise gut ist, sondern noch schlechter sein kann. In die immer vergeistigtere Marmormusik der griechischen Tempel brach der nächtlich-chaotische Dionysos ein; die überschwengliche Verehrung des Weiblichen im Marienkult und im Minnedienst hatte als grausigen Weggenossen die Hexenverbrennungen; die Religion der Liebe verirrte sich zur Inquisition; die Ideale der Französischen Revolution machten die Einführung der Guillotine notwendig; auf den Schah folgte der Ayatollah; auf die Somozas die Sandinistas; und in Saigon fragt man sich vermutlich schon längst ratlos, was schlimmer war: die Befreier aus den USA oder aus Hanoi.

Wieso? Weil's mit der Annahme, das Gegenteil des Schlechten sei das Gute, irgendwie nicht stimmt – nicht weil das Gute noch nicht gut genug oder sein Gegenteil doch noch nicht mit Stumpf und Stiel ausgerottet ist.

> Ich habe mich in meinen eigenen Behauptungen verfangen, und mein Schluß steht in direktem Widerspruch zu der ursprünglichen Idee, von welcher ich ausgehe. Indem ich von schrankenloser Freiheit ausgehe, schließe ich mit unbeschränktem Despotismus.

> Aber ich füge hinzu, daß es außer meiner Lösung der gesellschaftlichen Formel keine andere geben kann,

läßt Dostojewski seinen Weltbeglücker Schigaljow in den *Dämonen* sagen. Und sein Zeitgenosse Berdjajew schreibt ähnliches über die Freiheit:

> Die Freiheit kann nicht identifiziert werden mit dem Guten, mit der Wahrheit, mit der Vollkommenheit. [...] Und eine jede Vermengung und Identifizierung der Freiheit mit dem Guten und der Vollkommenheit selbst ist eine Verneinung der Freiheit, ist ein Bekenntnis zu Gewalt und Nötigung. Das zwangsweise Gute ist schon nicht mehr das Gute, es wird so zum Bösen.

»Sire, das Streben nach Vollkommenheit ist eine der gefährlichsten Krankheiten, die den menschlichen Geist befallen können«, steht in einer Ansprache des französischen Senats an Napoleon I. zu lesen. »Jedes psychologische Extrem enthält im Geheimen seinen Gegensatz oder steht sonstwie mit diesem in nächster und wesentlicher Beziehung«, schreibt C. G. Jung. Und mit einzigartiger Klarheit beschreibt Laotse bereits vor zweieinhalb Jahrtausenden das Aufkommen des Bösen durch die Hinwendung zum Guten:

> Der große Sinn ward verlassen:
> so gab es Sittlichkeit und Pflicht.
> Klugheit und Erkenntnis kamen auf:
> so gab es große Lügen.

Die Blutsverwandten wurden uneins:
so gab es Kindespflicht und Liebe.
Die Staaten kamen in Verwirrung und Unordnung:
so gab es treue Diener.

Damit ist nichts erklärt, aber eine Gegebenheit unserer Welt klar beschrieben: Wer das *summum bonum* will, setzt damit auch schon das *summum malum*. Das kompromißlose Streben nach dem höchsten Gut – sei es Sicherheit, Vaterland, Friede, Freiheit, Glück oder was immer – ist eine *Patendlösung** oder (mit Verlaub, Herr Geheimer Rat) eine Kraft, die stets das Gute will und stets das Böse schafft.

Bloß, bitte nur nicht laut weitersagen, wenn Sie in gewissen Ländern leben, denn sonst landen Sie in einem »Umschulungslager«, oder die Friedenskämpfer schlagen Ihnen den Schädel ein ...

* Dies ist ein Kunstwort, das Paul Watzlawick bewußt verwendet und zu Beginn seines Buches *Vom Schlechten des Guten* erklärt. (Anm. der Hg.)

II. Meine Wirklichkeit, deine Wirklichkeit

Anmerkungen zum Alltag

Verschiedene Wirklichkeiten

Reisen

Reisen will gelernt sein. Die Kunst des Aufenthalts in der Fremde wird selten im Vaterhaus erlernt – im Gegenteil, die Lehren des Vaterhauses führen im späteren Leben meist nur zum Biertisch. Und Muttersprache, Mutterlaut, wie wonnesam, so traut – jaja, bloß welchen Preis sind Sie für diese Wonne zu zahlen bereit?

Wer daheim bleibt, hat – mit etwas Glück – Bier und Wonne. Wer reist, erfährt – wiederum etwas Glück vorausgesetzt, denn mancher erfährt's nie – zweierlei: Erstens, daß die Heimat *eine* Wirklichkeit ist, aber bei Gott nicht *die* Wirklichkeit; daß die Fremde in ihrer Weise genauso wirklich ist und von Menschen bewohnt, die ihrerseits glauben, ihre Wirklichkeit sei *die* Wirklichkeit. Und zweitens, damit eng zusammenhängend, daß erst von der Fremde her die eigene Wirklichkeit überhaupt erfaßbar wird. In einer Welt, in der alles blau ist, spekulierte der Sprachwissenschaftler Whorf einmal, kann sich niemand vorstellen, daß es Farben geben könnte. Um auch nur den Begriff der Farbe, geschweige denn eigentliche Farben zu erfassen, müßte man diese blaue Welt verlassen. Sie zu verlassen aber stellt den Reisenden vor eine Entscheidung, um die er nicht herumkommt. Entweder bringt er es fertig, der Wirklichkeit seines Ursprungs universale Gültigkeit zuzuschreiben und das Fremde dann notwendigerweise als falsch, lächerlich, dumm oder feindselig abzulehnen. Oder er begreift, daß seine Wirklichkeit eben nur *eine* von vielen möglichen ist und daß sie weder mehr noch weniger Anspruch darauf erheben kann, wirklicher als alle anderen zu sein. Der Unterschied zwischen diesen beiden Weltanschauungen reicht weit über unser Thema hinaus. Es gibt keine endgültige Regel dafür, wie man mit Messer und Gabel umzugehen hat; der Schöpfer unserer Welt hat uns nicht mitgeteilt, ob der Daumen oder der Zeigefinger die Zahl Eins bedeuten soll; und ob das Neue oder das Alte höheren Wert besitzt, darüber läßt sich abstrakt in alle Ewigkeit streiten.

Das ist das Problem: Die Entscheidung, die der Reisende zu treffen hat, ist die grundsätzliche Wahl zwischen einer Weltanschauung, die auf der ehrwürdigen Illusion von *wahr* und *falsch* beruht, und einer, die die furchterregende Möglichkeit des Andersseins erträgt. Furchterregend, weil sich mit ihr die feste Ordnung der Welt scheinbar zersetzt und auflöst und nur Skeptizismus und Nihilismus übrigbleiben.

Aber wenn wir die »Wahrheit« für uns selbst in Anspruch nehmen, werden wir das »Falsche« bestenfalls verlächerlichen, schlimmstenfalls ausrotten.

Wenn wir aber die Welt jenseits des Biertisches nicht mehr als falsch, sondern als *anders* begreifen, ergibt sich etwas Paradoxes. Es erweist sich dann, daß, von Trivialitäten abgesehen, das Anderssein nicht mehr ins Gewicht fällt, daß wir alle Geschwister sind oder, wenn Sie es vorziehen, Geschöpfe Gottes.

Tutto il mondo è paese – die ganze Welt ist *ein* Dorf – sagt die Weisheit des italienischen Sprichworts.

Flachland

Es gibt ein kleines, fast hundert Jahre altes Buch, dessen Autor der damalige Direktor der City of London School, der Hochwürdige Edwin A. Abbott, war. Obwohl er über vierzig andere Werke verfaßte, die alle von seinem Fach, der klassischen Literatur und Religion, handelten, ist »sein einziger Schutz gegen völlige Vergessenheit« – um Newmans lapidare Bemerkung zu borgen – jenes unscheinbare Buch mit dem Titel *Flachland – eine phantastische Geschichte in vielen Dimensionen.*

Obwohl es sich nicht bestreiten läßt, daß *Flachland* in einem – nun, recht flachen Stil verfaßt ist, ist es doch ein sehr ungewöhnliches Buch; ungewöhnlich nicht nur deswegen, weil es gewisse Erkenntnisse der modernen theoretischen Physik vorwegnimmt, sondern besonders wegen seiner scharfsinnigen psychologischen Intuition, die auch sein langatmiger viktorianischer Stil nicht zu erdrücken vermag. Und es scheint nicht übertrieben, zu wünschen, daß es (oder eine modernisierte Version) zur Pflichtlektüre für Mittelschüler gemacht würde. Der Leser wird den Grund dafür bald erkennen.

Flachland ist die Erzählung eines Bewohners einer zweidimensionalen Welt; also einer Wirklichkeit, die nur Länge und Breite, aber keine Höhe kennt; einer Welt, die flach wie ein Bogen Papier und von Linien, Dreiecken, Quadraten, Kreisen usw. bevölkert ist. Diese können sich frei auf, oder besser gesagt, in dieser Oberfläche bewegen, doch sind sie wie Schatten unfähig, sich über sie zu erheben oder unter sie abzusinken. Es braucht nicht betont zu werden, daß sie sich dieser Beschränkung unbewußt sind, denn die Idee einer dritten Dimension, der Höhe, ist für sie unvorstellbar.

Der Erzähler dieser Geschichte hat ein ihn völlig überwältigendes Erlebnis, dem ein sonderbarer Traum vorausgeht. In seinem Traume findet er sich plötzlich in einer eindimensionalen Welt, deren Bewohner entweder Striche oder Punkte sind, die sich alle auf ein und derselben Linie vor- oder rückwärts bewegen. Diesen Strich nennen sie ihre Welt, und für die Bewohner von Strichland ist die Idee, sich auch nach rechts oder links, statt nur nach vorne oder rückwärts zu bewegen, vollkommen unvorstellbar. Vergeblich versucht unser Träumer also, dem längsten Strich in Strichland (ihrem Monarchen) die Wirklichkeit von Flachland verständlich zu machen. Der König hält ihn für geistesgestört, und angesichts solch hartnäckiger Borniertheit verliert der Träumer schließlich die Geduld:

> Wozu noch mehr Worte verschwenden? Wisse, daß ich die Vollendung deines unvollständigen Selbsts bin. Du bist eine Linie, aber ich bin eine Linie von Linien, in meinem Lande ein Quadrat genannt: Und selbst ich, obwohl dir unendlich überlegen, gelte wenig im Vergleich zu den großen Edlen von Flachland, von wo ich, in der Hoffnung, deine Unwissenheit zu erleuchten, gekommen bin.

Auf diese wahnwitzigen Behauptungen hin stürzen sich der König und alle seine strich- und punktförmigen Untertanen auf das Quadrat, das aber durch das Läuten der

Frühstücksglocke in die flachländische Wirklichkeit zurückgeholt wird.

Im Laufe des Tages tritt ein weiteres ärgerliches Ereignis ein. Das Quadrat gibt seinem kleinen Enkel, einem Sechseck, Unterricht in den Grundbegriffen der Arithmetik und ihrer Anwendung auf die Geometrie. Es zeigt ihm, wie die Zahl der Quadratzoll eines Quadrats einfach dadurch berechnet werden kann, daß man die Seitenlänge in Zoll zu ihrer zweiten Potenz erhebt:

> Das kleine Sechseck überlegte sich dies eine Weile und sagte dann: »Du hast mich aber auch gelehrt, Zahlen zur dritten Potenz zu erheben: Ich nehme an, 3^3 muß eine geometrische Bedeutung haben; was bedeutet es?« »Nichts, gar nichts«, antwortete ich, »wenigstens nicht in der Geometrie; denn die Geometrie hat nur zwei Dimensionen.« Und dann zeigte ich dem Jungen, wie ein Punkt, der sich um drei Zoll verschiebt, eine Linie von drei Zoll erzeugt, die sich durch die Zahl 3 ausdrücken läßt; und wie eine Linie von drei Zoll, die sich drei Zoll weit parallel zu sich selbst verschiebt, ein Quadrat von drei Zoll Seitenlänge ergibt, das durch 3^2 ausgedrückt werden kann.
>
> Worauf mein Enkel wiederum auf seinen früheren Einwand zurückkam, indem er mich unterbrach und ausrief: »Nun denn, wenn ein Punkt durch die Bewegung von drei Zoll eine Linie von drei Zoll erzeugt, die durch 3 dargestellt wird; und wenn eine grade Linie von drei Zoll, die sich parallel zu sich selbst verschiebt, ein Quadrat von drei Zoll Seitenlänge ergibt, dargestellt durch 3^2; so muß ein Quadrat von

> drei Zoll Seitenlänge, das sich irgendwie parallel zu sich selbst bewegt (obwohl ich mir nicht vorstellen kann, wie), etwas ergeben (obwohl ich mir nicht vorstellen kann, was), das in jeder Richtung drei Zoll mißt – und das muß durch 3^3 dargestellt sein.«
>
> »Geh zu Bett«, sagte ich, etwas über seine Unterbrechung verärgert, »wenn du weniger Unsinn sprächest, hättest du mehr Vernunft.«

Und so wiederholt das Quadrat, ohne sich von seinem eigenen Traume eines Besseren belehren zu lassen, denselben Irrtum, von dem es den König von Strichland zu befreien versucht hatte. Im Laufe des Abends aber will ihm das Geschwätz seines Enkelkindes nicht aus dem Kopf gehen, und schließlich ruft es laut aus: »Der Junge ist ein Dummkopf, sage ich; 3^3 kann keine Entsprechung in der Geometrie haben.« Plötzlich hört es eine Stimme: »Der Junge ist kein Dummkopf; und 3^3 hat eine offensichtliche geometrische Bedeutung.« Es ist die Stimme eines sonderbaren Besuchers, der aus Raumland gekommen zu sein behauptet – einer unvorstellbaren Welt, in der die Dinge drei Dimensionen haben. Und ähnlich, wie das Quadrat selbst sich in seinem Traume bemüht hatte, versucht nun der Besucher, ihm die Augen dafür zu öffnen, wie eine dreidimensionale Wirklichkeit beschaffen und wie beschränkt Flachland im Vergleich zu ihr ist. Und genauso, wie das Quadrat selbst sich dem König von Strichland als Linie von Linien vorstellte, definiert sich der Besucher als Kreis von Kreisen, der in seinem Heimatland eine Kugel genannt wird. Dies aber kann das Quadrat natürlich nicht fassen, denn es sieht seinen Besucher als Kreis – allerdings

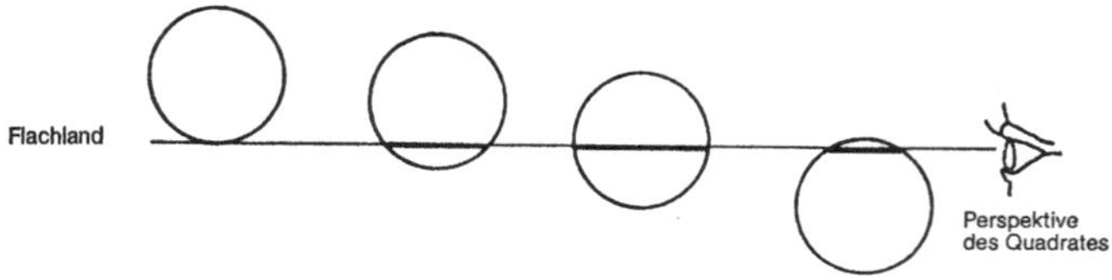

als einen Kreis mit sehr befremdlichen, unerklärlichen Eigenschaften: Er wächst und nimmt wieder ab; schrumpft gelegentlich zu einem Punkt oder verschwindet völlig. Mit großer Geduld erklärt ihm die Kugel, daß an all dem nichts Merkwürdiges ist: Sie ist eine unendliche Zahl von Kreisen, deren Durchmesser von einem Punkt bis zu dreizehn Zoll steigt und die aufeinandergelegt sind. Wenn sie sich also durch die zweidimensionale Wirklichkeit von Flachland bewegt, ist sie für einen Flachländer zunächst unsichtbar, erscheint dann als Punkt, sobald sie die Fläche von Flachland berührt, wird dann zu einem Kreis mit stetig wachsendem Durchmesser, bis ihr Durchmesser wieder abzunehmen beginnt und sie schließlich ganz verschwindet. Dies erkläre auch die überraschende Tatsache, daß die Kugel das Haus des Quadrats trotz der verschlossenen Türen betreten konnte. Die Kugel betrat es natürlich von oben, doch die Idee »von oben« ist dem Denken des Quadrats so fremd, daß es sie nicht fassen kann und sich daher weigert, sie zu glauben. Schließlich sieht die Kugel keinen anderen Ausweg, als dem Quadrat, indem sie es nach Raumland mitnimmt, eine Erfahrung zu vermitteln, die wir heute ein transzendentales Erlebnis nennen würden:

> Ein unbeschreibliches Grauen packte mich. Da war Finsternis; dann eine schwindelerregende, schreck-

liche Sicht, die nichts mit Sehen zu tun hatte; ich sah eine Linie, die keine Linie war; Raum, der kein Raum war: ich war ich selbst und nicht ich selbst. Als ich meiner Stimme wieder mächtig war, schrie ich in Todesangst: »Dies ist entweder Wahnsinn, oder es ist die Hölle.« »Es ist weder das eine noch das andere«, antwortete die ruhige Stimme der Kugel, »es ist Wissen; es sind drei Dimensionen: Öffne deine Augen wieder und versuche, ruhig zu blikken.«

Von diesem mystischen Augenblicke an nehmen die Ereignisse einen tragikomischen Verlauf. Trunken durch das überwältigende Erlebnis des Eintretens in eine völlig neue Wirklichkeit, möchte das Quadrat nun die Geheimnisse immer höherer Welten erforschen, der Reiche von vier, fünf und sechs Dimensionen. Doch die Kugel will nichts von diesem Unsinn wissen: »Ein solches Land gibt es nicht. Die bloße Idee ist völlig undenkbar.« Da das Quadrat aber nicht aufhören will, darauf zu bestehen, schleudert es die erzürnte Kugel schließlich in die Enge von Flachland zurück.

An diesem Punkte wird die Moral der Geschichte sehr realistisch. Das Quadrat sieht sich vor die glorreiche, dringende Aufgabe gestellt, ganz Flachland zum Evangelium der drei Dimensionen zu bekehren. Doch es fällt ihm nicht nur immer schwerer, die Erinnerung an jene dreidimensionale Wirklichkeit wachzurufen, die anfangs so klar und unvergeßlich schien, sondern es wird sehr rasch vom Flachland-Äquivalent der Inquisition verhaftet. Statt am Scheiterhaufen zu enden, wird es zu ewiger

Verwahrung in einem Gefängnis verurteilt, das Abbotts erstaunliche Intuition als das Gegenstück gewisser Irrenanstalten in unseren heutigen Zeiten beschreibt. Einmal im Jahre kommt der Oberste Kreis, das heißt der Hohepriester, es in seiner Zelle besuchen und erkundigt sich, ob es ihm schon besser geht. Und jedes Jahr kann das arme Quadrat der Versuchung nicht widerstehen, den Obersten Kreis davon überzeugen zu wollen, daß es eine dritte Dimension wirklich gibt – worauf jener den Kopf schüttelt und sich ein weiteres Jahr lang nicht mehr sehen läßt.

Flachland stellt die Relativität der Wirklichkeit schlechthin dar, und aus diesem Grunde möchte man wünschen, daß das Buch von jungen Menschen gelesen werde. Die Geschichte der Menschheit zeigt, daß es kaum eine mörderischere, despotischere Idee gibt als den Wahn einer »wirklichen« Wirklichkeit (womit natürlich die eigene Sicht gemeint ist), mit all den schrecklichen Folgen, die sich aus dieser wahnhaften Grundannahme dann streng logisch ableiten lassen. Die Fähigkeit, mit relativen Wahrheiten zu leben, mit Fragen, auf die es keine Antworten gibt, mit dem Wissen, nichts zu wissen, und mit den paradoxen Ungewißheiten der Existenz, dürfte dagegen das Wesen menschlicher Reife und der daraus folgenden Toleranz für andere sein. Wo diese Fähigkeit fehlt, werden wir, ohne es zu wissen, uns selbst wiederum der Welt des Großinquisitors ausliefern und das Leben von Schafen leben, dumpf und verantwortungslos und nur gelegentlich durch den beizenden Rauch eines prächtigen Autodafés oder der Schlote von Lagerkrematorien unseres Atems beraubt.

Je weniger man vom anderen weiß …

Es dürfte kaum übertrieben sein zu sagen, daß sich im Erleben Amerikas für jeden Europäer in einem kleinen, persönlichen Maßstabe eines der beiden konträren Leitmotive der geschichtlichen Auseinandersetzung Europas mit der Neuen Welt wiederholt. Sie selbst, lieber Leser, werden wahrscheinlich keine Ausnahme sein.

Als Kolumbus 1492 in Hispaniola landete, war er überzeugt, vom Osten her – also in westlicher Richtung – an Asien herangekommen zu sein und damit die Richtigkeit seines Weltbildes praktisch bewiesen zu haben. Und obwohl es damals schon klar war, daß in diesem Falle entweder unser Erdball nur drei Viertel seines bereits errechneten Umfangs haben konnte oder die eurasische Landmasse fast doppelt so groß sein mußte, wie man sie seit den Tagen Marco Polos kannte, erschütterten diese Widersprüche seine Überzeugung nicht im geringsten. Daran änderte sich für ihn auch dann nichts, als sich herausstellte, daß der neue Erdteil nicht nur nicht Westindien mit seinen fabelhaften Schätzen an Gold und Spezereien war, sondern im Gegenteil ein formidables *Hindernis* auf dem Weg dorthin, eine gänzlich unvorhergesehene Barriere größten Ausmaßes, im Vergleich zu deren Überwindung der Weg um das Kap der Guten Hoffnung bei weitem das kleinere Übel war. Und wie wir Menschen nun einmal veranlagt sind, »löste« er den Konflikt zwischen dem, was der Fall *war,* und dem, was seiner Überzeugung nach der Fall *zu sein hatte,* indem er die nackten Tatsachen auf dem Altare seines Wunschdenkens opferte. Damit aber wurde er zum Stammvater aller Amerikafahrer, die *a priori* wissen, daß sie auf der anderen Seite des Atlantiks das fabelhafte Neue finden werden, und die dank dieser sich selbst erfüllenden Prophezeiung schon in kürzester Zeit amerikanischer als die Amerikaner werden.

Auf Kolumbus' Euphorie folgte der Katzenjammer. Von Gold war (noch) keine Spur; der neue Erdteil war wüst und leer; und die edlen Wilden waren nicht so edel, wie sie – europäischer Erwartung nach – hätten sein sollen. »Die Existenz Amerikas«, schrieb der englische Literaturhistoriker Clive S. Lewis 1954 in seinem Werk *English Literature in the 16th Century,* »war eine der größten Enttäuschungen in der Geschichte Europas«, und umriß damit, was die andere Hälfte der Amerikafahrer erlebt.

An dieser europäischen Ambivalenz hat sich von der Entdeckung Amerikas bis in unsere Tage herein wenig geändert. Es ist das weitgehend unverschuldete Geschick der USA, von uns Europäern immer wieder in der unterschiedlichsten Art und Weise zum Ideal gemacht und sofort dann verdammt zu werden, wenn es unseren naiven Vorstellungen entweder überhaupt nicht entspricht oder auch nur ganz einfach anders ist, als es laut uns sein sollte. Amerika ist die große Projektion Europas, an der jeder von uns in der einen oder anderen Weise teilnimmt (und auf die – damit es gleich hier gesagt sei – die Amerikaner immer wieder bereitwillig hereinfallen, sei es als Moralprediger, als Utopisten à la Präsident Wilson oder Präsident Roosevelt, deren Kur schlimmer als die Krankheit ist, oder als Weltpolizisten); eine Projektion, die absurderweise gerade bei jenen Europäern am heftigsten und maßlosesten auszufallen pflegt, die die USA noch nie betreten haben.

Menschliche Konflikte sind eben wechselseitig. Die wirklich folgenschweren Fehlperspektiven, die das Zusammenleben der Nationen in irrationalster Weise vergiften können, sind ihrem Wesen nach von stereotyper Ähnlichkeit, werden aber immer »den anderen« angelastet. Ein Buch wie das vorliegende ließe sich genausogut aus amerikanischer Sicht über die Europäer schreiben: Die Franzosen sind undankbar, grundsätzlich antiamerikanisch und denken hauptsächlich an *l'amour.* Die Schweizer sind peinlich sauber, produzieren Schokolade und Kuckucksuhren und sind auf diese einfache Weise zu den berüchtigten Gnomen von Zürich geworden (der Ausdruck wurde allerdings meines Wissens von Londoner Bankiers geprägt). Jeder mir bekannte Witz über die Einfältigkeit und Langsamkeit der Friesen oder der Berner kursiert in den Staaten als Vignette »typisch polnischer« Eigenschaften. Wenn man als Österreicher weder Walzer tanzen noch Ski fahren kann, macht einen dies in amerikanischer Sicht geradezu seines Bürgerrechts verlustig. Die Italiener sind charmant, befassen sich mit der Herstellung von Pizza, Pasta und Panettone und kneifen Touristinnen selbst dann in den Popo, wenn sie mit Mafia-Aufträgen unterwegs sind. (Ungezwickt aus Italien zurückzukommen ist für so manche Amerikanerin ein traumatischer Beweis mangelnden Sex-Appeals.) Überhaupt nimmt man von Italienern, Spaniern und Lateinamerikanern an, daß sie alle Valentinos *(Latin Lovers)* sind; eine Erwartung, die schon manchem Latino zum Verhängnis wurde, da die Amerikanerin, die sexuell freier ist als ihre lateinischen Schwestern, sich nicht nur schmachtende Blicke, sondern überdurchschnittliche konkrete Leistungen erwartet. Aber auch das Gegenteil kann ihm passieren, nämlich daß er eben diese viel freiere Haltung der Amerikanerin als unverblümte Einladung mißversteht. Und der Deutsche? Seine »typischen« Eigenschaften sind in ein weitreichendes Prisma aufgespalten: Der nicht mehr ganz so zuverlässige, aber immer noch wichtigste Nato-Verbündete; der Phönix, dem immer noch die Asche der neueren Vergangenheit anhaftet und der schon wieder marschiert; eine Nation, deren fast beunruhigende Produktivität und – wenn auch etwas angeschlagene – Prosperität den puritanischen Beweis des Wohlwollens Gottes erbringt, es gleichzeitig den Deutschen aber zur »Pflicht« macht, die Berg- und Talfahrten des Dollars zu finanzieren; der Deutsche, der nicht nur ein ausgeprägtes Pflichtgefühl besitzt, sondern darüber hinaus auch überpünktlich und sehr gewissenhaft ist. Gleichzeitig jedoch steht er für Biertrinken, Lederhosen, Heidelberg-Romantik und die Kuckucksuhr. Das Grundschema ist immer dasselbe: Je weniger man vom anderen weiß, desto überzeugter ist man, ihn zu kennen.

Von Zufall und Ordnung

»Natura abhorret vacuum«, sagte schon Spinoza, und wer nicht gerade ein Wissenschaftsphilosoph ist und deshalb seine Zweifel an diesem Ausspruch hat, findet es immerhin plausibel, daß es der Natur an einer gewissen Ordnung der Dinge gelegen sein sollte. Mischten wir aber ein Pack Spielkarten und fänden sie dann fein säuberlich in die vier Farben und von As bis König geordnet, so würde uns dies etwas zu ordentlich erscheinen, um glaubhaft zu sein. Wenn uns ein Statistiker dann belehrt, daß diese Ordnung genauso wahrscheinlich ist wie jede andere, werden wir ihn zunächst vermutlich nicht verstehen, bis es uns endlich dämmert, daß tatsächlich jede durch das Mischen der Karten erzielte Ordnung (oder Unordnung) genauso wahrscheinlich oder unwahrscheinlich ist wie jede beliebige andere. Der einzige Grund, weshalb uns die ersterwähnte Ordnung so ungewöhnlich erscheint, ist lediglich der, daß wir aus Gründen, die nichts mit Wahrscheinlichkeit zu tun haben, sondern nur mit unserer *Definition* von Ordnung, diesem einen Resultat ausschließliche Bedeutung, Wichtigkeit und Prominenz zugeschrieben und alle anderen als wahl- und ordnungslos in einen Topf geworfen haben.

In dieser sehr willkürlichen Sicht erweist sich Wahllosigkeit also als die Regel und Ordnung als die unwahrscheinliche Ausnahme – und dies allein schon ist ein merkwürdiger Widerspruch, der uns, gewissermaßen einleitend, davor warnt, daß noch Merkwürdigeres bevorsteht.

Im allgemeinen nennt man eine Folge von Zahlen dann wahllos oder zufällig (auf englisch *random*), wenn es den Anschein hat, daß in ihr keine einzelne Zahl oder Zahlengruppe mit größerer oder geringerer Häufigkeit auftritt als alle anderen. Man könnte auch sagen, daß diese Folge keine Schlüsse darüber zuläßt, welche Zahl (oder Zahlengruppe) den schon vorliegenden als nächste folgen dürfte. Wenn man umgekehrt aber die Folge

2, 5, 8, 11, ...

prüft, läßt sich vernünftigerweise erwarten, daß die nächste Zahl 14 sein wird, da dieser Folge die Regel innezuwohnen scheint, daß jede Zahl um drei größer als die ihr vorhergehende ist.

Besehen wir uns nun die Folge

4, 1, 5, 9, 2, 6, 3, 6, ...

Soweit wir feststellen können, hat sie keine innere Ordnung, und angenommen, daß durch eine Rechenmaschine den schon vorliegenden Zahlen immer neue hinzugefügt werden, können wir die nächste Zahl jeweils nur mit einer Wahrscheinlichkeit von 1 : 10 voraussagen. Einem Mathematiker fällt es aber nicht schwer, uns zu beweisen, daß diese Folge ein Teil der Ludolfschen Kreiszahl ist, und zwar ihre zweite bis zehnte Dezimalstelle. Es erweist sich also, daß diese Zahlenserie alles andere als wahllos ist; sie hat vielmehr eine strenge innere Ordnung, die jedes weitere Element der Folge mit buchstäblich mathematischer Sicherheit voraussagbar macht. Die irrige Annahme, sie sei wahllos, beruhte *also auf unserer Unkenntnis* der ihr zugrunde liegenden Ordnung.

Gut, geben wir vielleicht zu, es muß aber trotzdem wirkliche Zufallsreihen geben, und was wir in diesem Zusammenhang mit »wirklich« meinen, ist, daß eine solche Folge absolut wahllos, das heißt frei von jeder inneren Ordnung, ist. Von hier ab werden die Dinge für uns Laien etwas unglaublich, denn die meisten Mathematiker stimmen nun überein, daß es solche Reihen nicht gibt und nicht geben kann. Der Grund dafür ist interessant:

Nehmen wir an, wie haben eine Vorrichtung zur Herstellung von Zufallsreihen, einen sogenannten Randomisator, der beliebig lange Folgen der zehn Ziffern unseres Zahlensystems herstellt, und nehmen wir ferner an, daß wir irgendwo in einer langen, scheinbar ungeordneten Zahlenreihe plötzlich auf die Folge 0123456789 stoßen. Unser erster Eindruck wird der sein, daß hier der Randomisator irgendwie versagte, da diese Folge »offensichtlich« hundertprozentig geordnet und deshalb nicht zufällig ist. Damit aber begehen wir denselben Fehler, der uns schon mit den Spielkarten unterlief: Die Reihe 0123456789 ist genauso geordnet oder zufällig wie jede andere Kombination der Ziffern unseres Dezimalsystems; lediglich unsere willkürliche Entscheidung darüber, was als Ordnung (beziehungsweise als Unordnung) zu gelten habe, läßt sie uns voll geordnet erscheinen – nur ist uns dies nicht notwendigerweise bewußt, und wir glauben, es mit einer Eigenschaft der objektiven Wirklichkeit zu tun zu haben.

Das Wesen der Zufälligkeit, schreibt George Spencer Brown in seinem Buch über die Wahrscheinlichkeit,

> wurde bisher im Fehlen von Ordnung *(pattern)* gesehen. Worüber man sich aber nicht Rechenschaft ablegte, ist, daß die Abwesenheit einer bestimmten Ordnung das Auftreten einer anderen Form von Ordnung logisch bedingt. Es ist ein mathematischer Widerspruch, zu sagen, daß eine Folge keine Ordnung hat; wir können höchstens sagen, daß sie keine all jener Gesetzmäßigkeiten aufweist, nach denen man suchen könnte. Der Begriff der Zufälligkeit hat

> nur in Beziehung zum Beobachter Sinn; wann immer zwei Beobachter nach verschiedenen Formen der Ordnung forschen, so müssen sie darüber geteilter Meinung sein, welche Folge zufällig zu nennen ist.

Und damit haben wir, sozusagen durch die Hintertür, das Feld der menschlichen Kommunikation vermutlich gerade zum Zeitpunkt wieder betreten, da der Leser sich zu fragen begann, was all dies mit der Thematik dieses Buchs zu tun hat. Wenn wir nämlich einmal akzeptiert haben, daß – im Widerspruch zu tiefverwurzelten, landläufigen Ansichten – Ordnung und Chaos nicht objektive Wahrheiten sind, sondern wie so viele andere Wirklichkeitsaspekte von der Perspektive des Beobachters abhängen, so wird es uns damit möglich, die Phänomene der Kommunikation und ihre Störungen in neuem Licht zu sehen. Wir müssen dann allerdings damit rechnen, daß diese neue Perspektive in scharfem Widerspruch zu gewissen althergebrachten psychologischen, philosophischen und sogar theologischen Ansichten stehen wird.

Das Gefangenendilemma

Das Wesen der Interdependenz läßt sich vielleicht am besten anhand des spieltheoretischen Modells des Gefangenendilemmas (der Name wurde ihm von Mathematikprofessor Albert W. Tucker in Princeton gegeben) einführen und das Gefangenendilemma selbst in seiner ursprünglichen Form. Demnach hält ein Staatsanwalt zwei Männer in Untersuchungshaft, die des Raubs verdächtigt sind. Die gegen die beiden vorliegenden Indizien reichen aber nicht aus, um den Fall vor Gericht zu bringen. Er läßt sich die beiden Gefangenen vorführen und teilt ihnen unverblümt mit, daß er zu ihrer Anklage ein Geständnis brauche. Ferner erklärt er ihnen, daß er sie dann, wenn beide den Raubüberfall leugnen, nur wegen illegalen Waffenbesitzes zur Anklage bringen kann und daß sie dafür schlimmstenfalls zu je sechs Monaten Gefängnis verurteilt werden könnten. Gestehen beide aber die Tat ein, so werde er dafür sorgen, daß sie nur das Mindestmaß für Raub, nämlich zwei Jahre Gefängnis, bekommen. Wenn aber nur einer ein Geständnis ablegt, der andere aber weiterhin die Tat leugnet, würde der Geständige damit zum Kronzeugen und ginge frei aus, während der andere das Höchststrafmaß, nämlich zwanzig Jahre, erhalten würde. Ohne ihnen die Möglichkeit einer Aussprache zu geben, schickt er die Gefangenen in getrennte Zellen zurück und macht damit jede Kommunikation zwischen ihnen unmöglich.

Was können die beiden unter diesen ungewöhnlichen Umständen tun? Die Antwort scheint einfach: Da ein halbes Jahr Gefängnis bei weitem zwei, geschweige denn zwanzig Jahren vorzuziehen ist, schneiden beide am besten ab, wenn sie die Tat leugnen. Doch kaum sind sie in der Einsamkeit ihrer Zellen zu dieser Einsicht gekommen, stellt sich bereits der erste Zweifel ein: »Was aber, wenn der andere, der sich unschwer vorstellen kann, daß ich zu diesem Entschluß gekommen bin, die Situation ausnützt und die Tat gesteht? Er wird dann freigelassen – und das ist letzthin für ihn entscheidend –, während ich nicht sechs Monate, sondern zwanzig Jahre bekomme. Es hat also keinen Sinn, zu leugnen; ich bin besser dran, wenn ich gestehe, denn wenn er nicht gesteht, bin *ich* derjenige, der freigelassen wird.« Doch auch diese Überlegung ist von kurzer Dauer, und eine neue Einsicht drängt sich auf: »Wenn ich aber gestehe, so enttäusche ich nicht nur sein Vertrauen, daß ich vertrauenswürdig genug bin, um die für uns *beide* vorteilhafteste Entscheidung zu treffen (nämlich nicht zu gestehen und daher mit sechs Monaten davonzukommen), sondern ich laufe Gefahr, daß ich, wenn er genauso egoistisch und unzuverlässig ist wie ich selbst und daher aus derselben Überlegung heraus gesteht, zu zwei Jahren verurteilt werde, was viel schlimmer wäre als die sechs Monate, die wir bekämen, wenn wir beide leugneten.«

Dies ist ihr Dilemma, und es hat keine Lösung. Denn selbst wenn die Gefangenen es fertigbrächten, irgendwie miteinander zu kommunizieren und eine gemeinsame Entscheidung zu vereinbaren, würde ihr Schicksal trotzdem von der Frage abhängen, ob sie es ihrem Komplizen zutrauen können, sich im entscheidenden Moment der Gerichtsverhandlung an diese Vereinbarung zu halten. Da sie dies aber auf keinen Fall mit Sicherheit annehmen können, beginnt der obenerwähnte Teufelskreis ihrer Überlegungen an diesem Punkte von neuem. Und bei längerem Nachdenken werden beide begreifen, daß die Vertrauenswürdigkeit ihres Komplizen weitgehend davon abhängt, wie vertrauenswürdig sie selbst dem anderen erscheinen, und dies wiederum hängt davon ab, wieviel Vertrauen jeder seinerseits dem anderen zu schenken bereit ist – und so fort in unendlichem Regreß.

Über dieses merkwürdige Interaktionsmuster gibt es bereits eine umfangreiche Literatur, doch das wichtigste Werk dürfte immer noch Rapoport und Chammahs Buch *Prisoner's Dilemma; A Study in Conflict and Cooperation* sein. Ebenfalls von Rapoport stammt eine ausgezeichnete, sehr präzise Übersicht über das Wesen des Gefangenendilemmas, seine Bedeutung für die in Entscheidungsverfahren schwer zu fassenden Begriffe von Vertrauen und Solidarität und über seine Bedeutung für das moderne mathematische Weltbild.

Newcombs Paradoxie

Im Jahre 1960 stieß ein theoretischer Physiker am Strahlungslaboratorium der Universität von Kalifornien in Livermore, Dr. William Newcomb, auf eine neue Paradoxie – angeblich während er sich bemühte, das Gefangenendilemma zu lösen. Über verschiedene Zwischenpersonen kam sie schließlich zur Kenntnis des Philosophieprofessors Robert Nozick an der Harvard-Universität, der sie 1970 in einer philosophischen Festschrift veröffentlichte. 1973 besprach der Mathematiker Martin Gardner dieses Referat im *Scientific American* und löste damit eine solche Flut von Zuschriften aus, daß er sich im Einvernehmen mit Nozick in einem zweiten Artikel nochmals mit diesem Problem und den von seinen Lesern vorgeschlagenen Lösungen befaßte.

Die prinzipielle Bedeutung dieser Paradoxie für meine Thematik liegt darin, daß sie auf einem Kommunikationsaustausch mit einem imaginären Wesen beruht; einem

Wesen, das die Fähigkeit besitzt, menschliche Entscheidungen mit fast hundertprozentiger Genauigkeit vorauszusagen. Nozick definiert diese Fähigkeit (und der Leser ist ersucht, dieser Definition volle Aufmerksamkeit zu schenken, da ihr Verständnis für das Folgende unerläßlich ist) mit folgenden Worten: »Sie wissen, daß dieses Wesen Ihre vergangenen Entscheidungen oft richtig vorausgesagt hat (und daß es, soweit Ihnen bekannt ist, niemals *falsche* Voraussagen über Ihre Entscheidungen gemacht hat), und Sie wissen ferner, daß dieses Wesen oft die Entscheidungen anderer Leute [...] in der nun zu beschreibenden Situation richtig vorausgesagt hat.« Es sei ausdrücklich betont, daß die Voraussagen fast, aber eben nur *fast* vollkommen verläßlich sind.

Das Wesen zeigt Ihnen zwei verschlossene Kästchen und erklärt, daß in Kästchen 1 auf jeden Fall tausend Dollar liegen, während Kästchen 2 entweder nichts oder eine Million Dollar enthält. Es stehen Ihnen nun folgende zwei Möglichkeiten zur Wahl offen: Sie können entweder *beide* Kästchen öffnen und das darin liegende Geld gewinnen; oder Sie wählen nur Kästchen 2 und nehmen das dort vorgefundene Geld. Ferner teilt Ihnen das Wesen mit, daß es folgende Maßnahmen getroffen hat: Wenn Sie die erste Alternative wählen und beide Kästchen öffnen, so hat das Wesen (das diese Entscheidung natürlich voraussah) das zweite Kästchen leer gelassen, und Sie gewinnen daher nur die tausend Dollar in Kästchen 1. Wenn Sie sich dagegen entschließen, nur Kästchen 2 zu öffnen, hat das Wesen (wiederum aufgrund seines Vorauswissens dieser Entscheidung) die Million dort hineingelegt. Der Ablauf der Ereignisse ist also folgender: Das Wesen macht zuerst stillschweigend seine Voraussage Ihrer Wahl; *dann* legt es, je nach seiner Voraussage, entweder die Million in Kästchen 2 oder läßt es leer; *dann* teilt es Ihnen die Bedingungen mit; und zu guter Letzt treffen Sie Ihre Entscheidung. Wir dürfen im folgenden also annehmen, daß Sie die Situation und die daran geknüpften Bedingungen voll verstehen; daß das Wesen weiß, daß Sie sie verstehen; daß Sie wissen, daß es das weiß, und so weiter – genau wie in allen anderen interdependenten Entscheidungen (die schon behandelt wurden).

Das Unerwartete an dieser imaginären Situation ist, daß sie zwei gleichermaßen logische, aber völlig widersprüchliche Lösungen hat. Und die Folge dieses Widerspruchs ist, daß – wie Nozick sehr rasch entdeckte und wie die Lawine von Leserbriefen an Gardner bewies – wahrscheinlich auch Sie eine der beiden Lösungen sofort für die »richtige« und »selbstverständliche« halten werden und mit bestem Willen nicht einsehen können, wie jemand die andere auch nur für einen Augenblick ernsthaft in Betracht ziehen kann. Trotzdem aber lassen sich für die eine wie für die andere Entscheidung überzeugende Gründe finden, und dies wirft uns in die Welt Dostojewskis zurück, »in der alles wahr ist, auch das Gegenteil«.

Das erste Argument lautet: Das Vorauswissen des Wesens ist fast vollkommen zuverlässig. Wenn Sie sich also dafür entscheiden, beide Kästchen zu öffnen, so müssen Sie mit höchster Wahrscheinlichkeit damit rechnen, daß das Wesen diesen Entschluß richtig voraussagte und das zweite Kästchen daher leer ließ. Sie gewinnen also nur die tausend Dollar, die auf jeden Fall in Kästchen 1 liegen. Wenn Sie sich aber entschließen, nur Kästchen 2 zu öffnen, so hat das Wesen auch diese Wahl höchstwahrscheinlich richtig vorausgesehen und hat, in Übereinstimmung mit den von ihm selbst aufgestellten Regeln, die Million hineingelegt. Daraus folgt mit scheinbar eiserner Logik, daß Sie nur das zweite Kästchen öffnen sollen. Worin besteht das angebliche Problem?

Das Problem ergibt sich aus der Logik des anderen Entscheidungsverfahrens. Wie schon betont, macht das Wesen zuerst seine Voraussage, und Ihre Entscheidung *folgt* zeitlich seiner Voraussage. Dies bedeutet aber, daß zu dem Zeitpunkt, in dem Sie Ihre Entscheidung treffen, die Million *entweder bereits im zweiten Kästchen liegt oder nicht dort liegt.* Ergo, wenn die Million bereits im zweiten Kästchen liegt und Sie sich für das Öffnen beider Kästchen entscheiden, gewinnen Sie 1 001 000 Dollar. Wenn Kästchen 2 aber leer ist und Sie beide Kästchen öffnen, so gewinnen Sie wenigstens die tausend Dollar in Kästchen 1. In beiden Fällen haben Sie also tausend Dollar *mehr,* als Sie gewinnen würden, wenn Sie nur das zweite Kästchen wählten.

Keineswegs, erwidern die Vertreter des ersten Arguments sofort: Gerade diese Überlegung hat das Wesen ja richtig vorausgesehen und hat daher das zweite Kästchen leergelassen.

Darin liegt euer Irrtum, ereifern sich die Verteidiger des zweiten Arguments: Das Wesen hat seine Voraussage gemacht, nach ihr gehandelt, und die Million liegt nun (oder liegt nicht) im zweiten Kästchen.

Gleichgültig also, wofür ihr euch entscheidet, das Geld ist (oder ist nicht) bereits seit einer Stunde, einem Tag oder einer Woche *vor* eurer Entscheidung da (oder nicht da). Eure Wahl wird es daher weder in Kästchen 2 materialisieren lassen, wenn es nicht von vornherein schon dort lag, noch zu seinem plötzlichen Verschwinden aus dem Kästchen führen, wenn es zunächst dort war. Ihr Verteidiger des ersten Arguments macht den Fehler, anzunehmen, daß hier irgendeine Art rückwirkender Kausalität mitspielt – daß eure Wahl sozusagen die Million aus dem Nichts auftauchen oder in die leere Luft verschwinden läßt. Aber das Geld ist ja schon da oder nicht da, *bevor* ihr euch entscheidet. Im einen wie im anderen Falle wäre es unsinnig, nur das zweite Kästchen zu wählen – wenn es die Million enthält, warum wollt ihr auf die zusätzlichen tausend Dollar im ersten Kästchen verzichten? Aber besonders dann, wenn Nummer 2 leer ist, wollt ihr doch sicherlich wenigstens die tausend Dollar in Nummer 1 einkassieren!

Nozick fordert seine Leser auf, die Paradoxie mit Freunden, Bekannten oder Studenten auszuprobieren, und sagt voraus, daß sich ziemlich genau die Hälfte für das eine beziehungsweise das andere Argument entscheiden wird. Außerdem werden die meisten von ihnen überzeugt sein, daß die anderen einfach nicht logisch denken können. Nozick aber warnt, »daß es nicht genügt, sich mit dem Glauben zufriedenzugeben, man wisse schon, was zu tun sei. Und es genügt auch nicht, eines der beiden Argumente einfach laut und langsam zu wiederholen.« Sehr zu Recht fordert er, daß man das andere Argument logisch ad absurdum führen müßte. Dies aber ist bisher niemandem gelungen.

Es ist möglich – ist aber meines Wissens bisher nicht vorgeschlagen worden –, daß dieses Dilemma (und einige der Widersprüche und Paradoxien, die uns im Abschnitt über Reisen in die Zeit beschäftigen werden) auf der Konfusion zweier grundverschiedener Bedeutungen der scheinbar eindeutigen logischen Subjunktion *wenn-dann* beruht. Im Satze »*Wenn* Karl der Vater von Hans ist, *dann* ist Hans der Sohn von Karl« drückt das *Wenn-dann* eine zeitlose, zeitunabhängige Beziehung zwischen diesen beiden Personen aus. Aber im Satz »*Wenn* ich diesen Knopf drücke, *dann* läutet die Glocke« handelt es sich um eine rein kausale Beziehung von Ursache und Wirkung, und alle Kausalbeziehungen schließen ein Zeitelement ein, und sei es auch nur die Mikrosekunde, die der elektrische Strom benötigt, um vom Knopf zur Klingel zu fließen.

Es ist also durchaus möglich, daß das erste Argument (nur Kästchen 2 zu öffnen) sich auf der logischen, zeitlosen Bedeutung des Wahrheitsbegriffs *wenn-dann* aufbaut: »*Wenn* ich mich entschließe, nur das zweite Kästchen zu öffnen, *dann* enthält es eine Million.« Die Verteidiger des zweiten Arguments (die sich dafür entschließen, beide Kästchen zu öffnen) scheinen sich dagegen auf die andere, nämlich die kausale, temporale Sinnbedeutung von *wenn-dann* zu stützen: »*Wenn* das Wesen seine Voraussage bereits gemacht hat, *dann* hat es die Million bereits ins zweite Kästchen gelegt beziehungsweise es leer gelassen, und im einen wie im anderen Falle erhöht sich mein Gewinn durch das Öffnen beider Kästchen um tausend Dollar.« Das zweite Argument beruht also auf dem zeitlichen Ablauf: Voraussage – (Nicht-) Hineinlegen des Geldes in das zweite Kästchen – meine Entscheidung. Ich treffe meine Entscheidung *nach* der Voraussage und nach dem (Nicht-)Hineinlegen der Million ins zweite

Kästchen, so daß meine Wahl keinen rückwirkenden Einfluß darauf ausüben kann, was *vor* ihr stattfand.

Ganz offensichtlich bedarf diese Lösung der Newcomb-Paradoxie einer sorgfältigen Durchleuchtung von Grund auf, für die meine Kompetenz leider nicht ausreicht, die aber einem Studenten der Philosophie ein interessantes Dissertationsthema bieten könnte.

An diesem Punkte beginnen sich die in diesem Buche gesponnenen, aber hängengelassenen Fäden zu einem erkennbaren Gewebe zu verknüpfen. Es ergab sich, daß die Frage, ob der Wirklichkeit eine erkennbare Ordnung zugrunde liegt, für uns von größter Wichtigkeit ist, und es zeichneten sich drei Möglichkeiten ab:

1. Die Welt hat keine Ordnung. Dann aber wäre die Wirklichkeit gleichbedeutend mit *Konfusion* und das Leben ein psychotischer Alptraum.

2. Die Wirklichkeit hat nur insofern eine Ordnung, als wir zur Milderung unseres Zustands existentieller *Desinformation* eine Ordnung in den Lauf der Dinge hineinlesen (interpunktieren), uns aber nicht dessen bewußt sind, daß wir selbst der Welt diese Ordnung zuschreiben, sondern vielmehr unsere eigenen Zuschreibungen als etwas »dort draußen« erleben, das wir die Wirklichkeit nennen.

3. Es besteht tatsächlich eine von uns unabhängige Ordnung. Sie ist die Schöpfung eines höheren Wesens, von dem wir abhängen, das aber selbst von uns ganz unabhängig ist. In diesem Falle wird *Kommunikation* mit diesem Wesen zu unserer vordringlichen Aufgabe.

Glücklicherweise bringen die meisten von uns es fertig, die erste Möglichkeit zu ignorieren. Für die daran Scheiternden hält sich die Psychiatrie für zuständig. Niemand aber kommt darum herum, sich – gleichgültig wie undeutlich und unbewußt – für die zweite oder die dritte Möglichkeit zu entscheiden. Und dies ist meines Erachtens die Konsequenz, die uns die Newcomb-Paradoxie aufdrängt: Man nimmt entweder an, daß die Wirklichkeit (und mit ihr daher der Lauf des Lebens) starr und unausweichlich festgelegt ist – und in diesem Falle entscheidet man sich natürlich nur für das zweite Kästchen. Wer sich aber Weltanschauung Nr. 2 verschrieben hat, das heißt, wer annimmt, daß er unabhängiger, freier Entscheidungen fähig ist, daß seine Entscheidungen also nicht vorausbestimmt sind und daß es vor allem keine »rückläufige Kausalität« gibt (derzufolge Ereignisse in der Zukunft Wirkungen in der Gegenwart oder sogar der Vergangenheit zeitigen können), der wird sich natürlich für das Öffnen beider Kästchen entscheiden.

Wie aber Gardner bereits betont, läuft all dies auf die uralte Kontroverse zwischen Determinismus und Willensfreiheit hinaus. Und wir sehen nun, daß dieses unschuldige Gedankenexperiment, diese scheinbar absurde und wirklichkeitsfremde Überlegung, was wohl geschehen würde, wenn es ein Wesen mit fast vollkommenem Vorauswissen gäbe, uns in eines der ältesten ungelösten Probleme der Philosophie führt.

Worum es dabei geht, ist ganz einfach folgendes: Wenn ich vor der alltäglichen Notwendigkeit stehe, eine Wahl – irgendeine Wahl – zu treffen, wie entscheide ich mich? Wenn ich wirklich glaube, daß meine Entscheidung, genau wie jedes andere Ereignis, durch alle ihr vorangegangenen Ursachen determiniert ist, dann ist die Idee der

Willensfreiheit (und mit ihr die der freien Entscheidung) absurd. Es ist dann ganz gleichgültig, wie ich mich entscheide, denn welche Wahl ich auch treffe, es ist die einzige Wahl, die ich treffen kann. Es gibt keine Alternativen, und selbst wenn ich glaube, es gäbe sie, ist dieser Glaube selbst lediglich die Folge irgendeiner Ursache in meiner Vergangenheit. Was immer mir also zustößt und was immer ich selbst tue, ist folglich dadurch vorausbestimmt, was ich, je nach meiner Vorliebe (Pardon – je nach den unausweichlichen Ursachen in meiner Vergangenheit), die Kausalität, das Wesen, den metaphysischen Versuchsleiter, das Schicksal usw. nenne.

Wenn ich aber glaube, daß mein Wille frei ist, so lebe ich in einer völlig anderen Wirklichkeit. Ich bin dann der Meister meines Geschicks, und was ich hier und jetzt tue, erschafft meine Wirklichkeit.

Das Malheur ist nur, daß beide Anschauungen unhaltbar sind. Niemand, gleichgültig wie »laut und langsam« er die eine oder die andere verficht, kann nach ihr leben. Wenn alles streng determiniert, also vorbestimmt ist, was hat es dann für einen Sinn, sich anzustrengen, Risiken auf sich zu nehmen; wie kann ich für mein Tun verantwortlich gehalten werden, was hat es dann mit Moral und Ethik auf sich? Das Resultat ist Fatalismus; doch abgesehen von seiner allgemeinen Absurdität leidet der Fatalismus an einer fatalen Paradoxie: Um sich dieser Wirklichkeitsauffassung zu verschreiben, muß man eine nichtfatalistische Entscheidung treffen – man muß sich *in einem Akt freier Wahl* zur Ansicht entscheiden, daß alles, was geschieht, voll vorausbestimmt ist und es daher keine freie Wahl gibt.

Wenn ich aber der Kapitän meines Lebensschiffes bin, wenn die Vergangenheit mich nicht determiniert, wenn ich mich also in jedem Augenblick frei entscheiden kann – worauf gründe ich dann meine Entscheidungen? Auf einen Randomisator in meinem Kopf? – wie Martin Gardner so treffend fragt. Aber wir hatten bereits eine Kostprobe der sonderbaren Dilemmata von Zufall und Wahllosigkeit. Sie erwiesen sich als ebenso verwirrend wie die Annahme eines metaphysischen Versuchsleiters, der die Regeln festgelegt hat, die wir entschlüsseln und befolgen müssen, wenn uns unser Leben lieb ist.

Niemand scheint die endgültige Antwort zu kennen, obwohl in den letzten zweitausend Jahren viele Antworten versucht wurden; von Heraklit und Parmenides bis zu Einstein.

Ordnung ohne Unordnung ist lebensfeindlich

Warum es so leicht ist, im kleinen wie im großen sich in Fehllösungen zu verrennen und so lange mehr desselben zu versuchen, bis der große Ordner Tod die Endlösung übernimmt, darüber könnte man endlos spekulieren. Für den klassischen Physiker lag die Erklärung im zweiten Hauptsatz der Wärmelehre, das heißt in der anscheinenden Tendenz aller Lebensprozesse, von Ordnung in Unordnung überzugehen. Dieser Vorgang wird *Entropie* genannt. In Fairneß ist aber sofort hinzuzufügen, daß dem Wissenschaftler wie dem Laien auch der umgekehrte Prozeß bekannt ist, nämlich die überall anzutreffende

Entwicklung von niederen zu höheren Ordnungen, in der Wissenschaft *Negentropie* genannt. Und hier wird es für den Problemlöser interessant, denn hier beginnen sich die in den vorhergehenden Kapiteln gesponnenen, aber hängengelassenen Fäden zu einem Muster zu verweben.

Gehen wir nochmals zum Beispiel der Grabenkämpfe in Flandern zurück [s. S. 176]. Wir müssen uns da vor allem vor Augen halten, daß das Prinzip des Leben-und-Lebenlassens nicht auf Grund einer Absprache zwischen den Gegnern zustande kam, sondern sich *spontan* entwickelte. Es bildete sich »irgendwie« heraus und schuf damit seine eigene, konkrete Wirklichkeit; eine Wirklichkeit, die um so erstaunlicher war, als der Kontext, aus dem sie hervorging, ein bewußt und absichtlich entropischer war und von oben her alles unternommen wurde, um Tod und Zerstörung zu garantieren. Freilich, schon Hölderlin wußte: Wo aber Gefahr ist, wächst das Rettende auch. Doch damit hat er dem Phänomen nur dichterischen Ausdruck verliehen. *Wie* aber kommt es dazu?

Auf diese Frage haben wir vorläufig nur provisorische Antworten. Die Komplexität der Prozesse, die von Unordnung zu Ordnung führen, ist noch nicht erfaßbar. In der guten alten Zeit war die Antwort allerdings einfach: Es war selbstverständlich das Walten höherer Mächte. Dies aber erinnert fatal an Molières *dormitives Prinzip.*

Gegen die Annahme eines bestimmten Prinzips dürfte auch heute nichts einzuwenden sein, nur daß es offensichtlich nicht von oben, sondern sozusagen von innen und von unten kommt und daß es sich trotzdem als *mehr* und *andersgeartet* erweist als der Grund, aus dem es hervorging. Davon war schon im zweiten Kapitel die Rede.

Hier aber interessieren uns nicht mehr die Probleme des »mehr desselben«, sondern die Ergebnisse der Wechselwirkungen zwischen *verschiedenen* Grundbestandteilen.

Um nicht allzuviel graue Theorie zu betreiben – hier sind ein paar praktische Beispiele: Zwei Atome Wasserstoff und ein Atom Sauerstoff ergeben, wenn sie in Beziehung zueinander treten, bekanntlich eine Substanz, H_2O, deren Eigenschaften nicht auf jene der Grundelemente *H* und *O* zurückführbar sind. Wasser ist nun einmal etwas *anderes*, nicht nur eine Summe bestimmter individueller Eigenschaften, und jeder Versuch der Rückführung auf seine Einzelbestandteile wäre Unsinn. Gerade aber diesen Unsinn begehen wir immer wieder. Nehmen wir den einfachen Fall einer Zweierbeziehung, diesmal aber nicht auf molekularer, sondern auf menschlicher Ebene. Wie schon mehrmals angedeutet, neigen im Konfliktfall die beiden Partner dazu, die Schuld im anderen zu sehen. *Beide* sind überzeugt, das Ihre zur Lösung des Konflikts zu tun, und wenn das Problem dennoch fortbesteht, dann *muß* es die Schuld des anderen sein – denn wo sonst könnte sie denn liegen? Ein *Drittes* scheint es bei *zwei* Personen ja nicht zu geben. Dennoch gibt es das, denn *jede* Beziehung (gleichgültig ob zwischen Atomen, Zellen, Organen, Menschen, Nationen usw.) ist eben mehr und andersgeartet als die Summe der Bestandteile, die die Beziehungspartner in sie hineinbringen – ist vielmehr eine überpersönliche *Neubildung* (wie dies in der Biologie seit langem genannt wird) oder (im psychologischen Sinne) eine *Gestalt*.

Und daher war auch das Prinzip des Leben-und-Lebenlassens in Flandern weder die Initiative der einen oder der anderen Seite, und schon gar nicht die eines einzelnen, sondern etwas, das sich *aus der Situation* ergab. Wessen Blick für diese Neubildungen einmal geschärft ist, wird feststellen können, wie bestimmend sie für unser Leben sind. An diesem Punkte aber wird die Sache für die Perfektionisten unter uns unannehmbar. Es wird dann nämlich klar, daß sich diese neuen Ordnungen nur dort ergeben können, wo ein gewisses Maß an Unordnung besteht. Von W. Ross Ashby, einem der Begründer der Kybernetik, stammt folgendes einleuchtendes Beispiel: Ein Seiltänzer kann sich nur dadurch im Gleichgewicht halten, daß er mit seiner Balancierstange ununterbrochen regellose Bewegungen ausführt. (Dasselbe gilt für ähnliche Bewegungen mit der Lenkstange beim Radfahren.) Wollte man nun den Stil des Seiltänzers perfektionieren, indem man diese unordentlichen Fluktuationen dadurch unterbände, daß man die Balancierstange festhielte, so würde jener sofort das Gleichgewicht verlieren und abstürzen. Klingt selbstverständlich, nicht wahr? Ja, aber nur im Falle von Seiltänzern und Radfahrern. In ziemlich allen anderen Lebensbereichen sind wir weit davon entfernt einzusehen, daß Ordnung ohne ein Maß von Unordnung lebensfeindlich wird, da sie jede Möglichkeit der Weiterentwicklung erstickt. Von dieser Patendlösung weiß zum Beispiel jeder moderne Betriebswissenschaftler, von dem die Herstellung perfekter Ordnung erwartet wird. – Damit soll freilich nicht gesagt sein, daß Unordnung auf jeden Fall gut sei, sondern nur, daß das Neue der Neubildung bedarf und die Neubildung ihrerseits *eines Grades* der Unordnung. Aber es ist eben viel überzeugender, die Übel der Unordnung anzuprangern als jene der Ordnung.

Die Fiktion des »Als-ob«

Die umfassendste Studie über die praktischen Auswirkungen imaginärer Annahmen ist immer noch *Die Philosophie des Als Ob* von Hans Vaihinger. In diesem Monumentalwerk aus dem Jahre 1911 gibt der Autor eine Unzahl von Beispielen für die eben erwähnte Beziehung von fiktiven, völlig unbeweisbaren Wirklichkeitsannahmen beziehungsweise Sinnzuschreibungen und ihren konkreten Resultaten. Es ist mir nicht bekannt, ob Musil [in: *Die Verwirrungen des Zöglings Törleß*] von der Philosophie Vaihingers wußte. Auffallend ist jedenfalls, daß sich die Frage des jungen Törleß bereits bei Vaihinger findet:

> Wie kommt es, daß, trotzdem wir im Denken mit einer verfälschten Wirklichkeit rechnen, doch das praktische Resultat sich als richtig erweist?

Um aus der Überfülle der bis in die Antike zurückreichenden Beispiele aus Vaihingers Buch nur zwei besonders prägnante herauszugreifen:

> Der Punkt als ein null-dimensionales Gebilde ist eine in sich gänzlich widerspruchsvolle Idee, aber ebenso notwendig als absurd. Ein Gebilde ohne jegliche Dimension ist ein Nichts in sich selbst. [...] Wir rechnen hier mit Undingen statt mit Dingen, aber es sind nützliche und unentbehrliche Undinge. Wir aber halten diese Undinge für Dinge, weil wir gewöhnt sind, alles, dem wir einen Namen geben,

> für real zu halten, ohne zu bedenken, daß wir nicht bloß Reales, sondern auch Irreales durch Namen fixieren können.

Und an anderer Stelle eine analoge Überlegung zur Freiheit als Fiktion:

> Der Strafrichter benützt diese Fiktion einfach, um ein Strafurteil zustande zu bringen. Der Zweck ist das Strafurteil, das durch die Fiktion, der Mensch, also *in specie* der Verbrecher, sei frei, erreicht wird: ob der Mensch faktisch frei ist, ist gleichgültig. [...] Der Richter schließt: Jeder Mensch ist frei und darum, wenn er gegen das Gesetz sich vergangen, strafbar. A ist ein Mensch, ein freier Mensch, und hat sich vergangen: also ist er strafbar. Zuerst wird A unter den Begriff des freien Menschen subsumiert, sodann dadurch unter die Strafbarkeit. Der Begriff der Freiheit fällt aber damit heraus; er hat nur dazu gedient, das Urteil möglich zu machen. Ob aber der Mensch frei sei, diese Prämisse wird vom Richter nicht untersucht: faktisch ist diese Prämisse nur eine Fiktion, welche zur Ableitung des Schlußsatzes dient; denn ohne Bestrafung der Menschen, der Verbrecher, ist keine Staatsordnung möglich: zu diesem praktischen Zweck ist die theoretische Fiktion der Freiheit erfunden.

Nicht aus Vaihingers Buch, sondern aus der Weisheit orientalischer Parabeln stammt schließlich folgendes Beispiel dieser »Technik« problemlösender und wirklichkeitsschaffender Fiktionen:

Ein Vater hat angeordnet, daß die Hälfte seiner Hinterlassenschaft an den ältesten Sohn gehe, ein Drittel an den zweiten und ein Neuntel an den jüngsten. Die Erbmasse besteht aber aus 17 Kamelen, und wie die Söhne nach seinem Tode das Problem auch drehen und wenden, sie finden keine Lösung, außer der Zerstückelung einiger Tiere. Ein *mullah*, ein Wanderprediger, kommt dahergeritten, und sie fragen ihn um seinen Rat. Dieser sagt: »Hier – ich gebe mein Kamel zu den euren dazu; das macht 18. Du, der Älteste, bekommst die Hälfte, also neun. – Du, der Zweitälteste, bekommst ein Drittel, das macht sechs. – Auf dich, den Jüngsten, fällt ein Neuntel, also zwei Kamele. Das macht zusammen 17 Kamele und läßt eines übrig, nämlich meines.« Sagt's, steigt auf und reitet davon.

Was hat nun all dies mit der Psychotherapie zu tun? Zweck aller Therapie und Ziel aller Therapieschulen ist therapeutischer Wandel. Im Rahmen des bisher Dargestellten ist die traditionelle Auffassung unhaltbar, wonach der sogenannte Patient an mangelnder Wirklichkeitsanpassung leidet und ihm daher durch Herbeiführung von Einsicht in die in der Vergangenheit begrabenen »wahren« Zusammenhänge geholfen werden muß. Der Konstruktivismus dagegen legt nahe, daß die leidvollen Auswirkungen einer bestimmten gegenwärtigen Als-ob-Fiktion (die ihren Ursprung natürlich irgendwann in der Vergangenheit hatte) durch jene einer anderen Als-ob-Fiktion ersetzt werden müssen, die eine erträgliche Wirklichkeit erschaffen. An die Stelle von Wirklichkeitsanpassung im Sinne einer besseren Anpassung an die vermeintliche »wirkliche« Wirklichkeit tritt also die bessere Anpassung der jeweiligen Wirklichkeitsfiktion an die zu erreichenden, konkreten Ziele.

In anderen Worten: Der Ausgangspunkt der Behandlung ist eine leidvolle Situation, die im Rahmen der betreffenden Wirklichkeitsfiktion unlösbar erscheint. Das ist der eine Pfeiler der Brücke, von der der junge Törleß spricht. Zwischen diesem und dem Pfeiler am anderen Ufer nun liegt die irrationale Brücke der Als-ob-Fiktion, die Wirklichkeit zweiter Ordnung. In Vaihingers Sinne kann das etwas wie die völlig unbeweisbare Annahme der persönlichen Freiheit sein, die herangezogen wird und nach getaner Arbeit dann »herausfällt«; im Sinne Heinz von Foersters ist es der syn-aptische Spalt, in den nun – metaphorisch gesprochen – eine andere Überträgersubstanz einfließt; im Sinne der Kamelgeschichte das eine Kamel, das eine Minute lang verwendet und dann nicht mehr benötigt wird; im Sinne des Konstruktivismus eine andere Wirklichkeitskonstruktion, die genausowenig Anspruch auf Wirklichkeit, Richtigkeit oder Wahrheit erheben kann wie irgendeine andere. Wenn das Primat der Verwendung von Vaihingers Ideen in der Therapie nicht Alfred Adler zufiele, könnte man die eben beschriebene Technik als die »Psychotherapie des Als Ob« bezeichnen.

Diese Überlegungen klingen einfach, sind für viele aber bestürzend, wenn sie bis zur Konsequenz durchgedacht werden. Dann nämlich ergibt es sich, daß es auf Erklärungen *als solche* nicht ankommt, daß Hypothesen und Theorien nur insofern Bedeutung haben, als sie fiktive Brücken zu praktischen Resultaten schlagen. Der sprichwörtliche Marsbewohner, der hier auf Erden unsere klassischen

Theorien therapeutischen Wandels studierte, würde sich an den Kopf (oder dessen Äquivalent) greifen und fragen, wieso unsere großen Therapieschulen komplizierteste Erklärungssysteme ausklügelten und deren ausschließliche Richtigkeit mit dogmatischer Starre verteidigen, statt konkret zu untersuchen, wie sich menschlicher Wandel tagtäglich millionenfach spontan vollzieht.

Selbsterfüllende Prophezeiungen

Ihr Horoskop in der heutigen Zeitung warnt Sie (und ungefähr 300 Millionen andere im selben Tierkreiszeichen Geborene) vor der Möglichkeit eines Unfalls. Tatsächlich passiert Ihnen etwas. Also hat es mit der Astrologie doch seine Bewandtnis.

Oder? Sind Sie sicher, daß Sie den Unfall auch dann gehabt hätten, wenn Sie das Horoskop *nicht* gelesen hätten? Oder wenn Sie wirklich überzeugt wären, daß die Astrologie krasser Unsinn ist? Nachträglich läßt sich das freilich nicht klären.

Vom Philosophen Karl Popper stammt die interessante Idee, daß – etwas laienhaft ausgedrückt – sich für Ödipus die schreckliche Prophezeiung des Orakels deswegen erfüllte, weil er von ihr wußte und ihr zu entgehen versuchte. Gerade aber das, was er zur *Vermeidung* tat, führte zur *Erfüllung* des Orakelspruchs.

Hier hätten wir es also mit einer weiteren Wirkung der Vermeidung zu tun, nämlich ihrer Fähigkeit, unter Umständen genau das herbeizuführen, was vermieden werden soll. Und was für Umstände sind das? Erstens eine

Voraussage im weitesten Sinne, also jede Erwartung, Besorgnis, Überzeugung oder ganz einfach ein Verdacht, daß die Dinge so und nicht anders verlaufen werden. Damit soll außerdem gesagt sein, daß die betreffende Erwartung entweder von außen, etwa durch andere Menschen, oder durch irgendwelche innere Überzeugungen ausgelöst werden kann. Zweitens muß die Erwartung nicht als reine Erwartung, sondern als bevorstehende Tatsache gesehen werden, zu deren Vermeidung sofortige Gegenmaßnahmen ergriffen werden müssen. Drittens ist die Annahme um so überzeugender, je mehr Menschen sie teilen oder je weniger sie anderen, vom Lauf der Dinge bereits bewiesenen Annahmen widerspricht.

So genügt zum Beispiel die Annahme – ob sie faktisch begründet oder grundlos ist, spielt keine Rolle –, daß die anderen über einen tuscheln und sich heimlich lustig machen. Angesichts dieser »Tatsache« legt es der gesunde Menschenverstand nahe, den Mitmenschen nicht zu trauen und, da das Ganze natürlich unter einem löchrigen Schleier der Verheimlichung geschieht, genau aufzupassen und auch die kleinsten Indizien in Betracht zu ziehen. Es ist dann nur eine Frage der Zeit, bis man die anderen beim Tuscheln und heimlichen Lachen, beim konspiratorischen Augenzwinkern und gegenseitigen Zunicken ertappen kann. Die Prophezeiung hat sich erfüllt.

Allerdings funktioniert dieser Mechanismus nur dann wirklich klaglos, wenn Sie sich Ihres eigenen Beitrags dazu nicht Rechenschaft ablegen. Wie Sie aber in den letzten Kapiteln gelernt haben sollten, ist das nicht zu schwierig. Und außerdem, wenn die Sache einmal eine Zeitlang läuft, ist es ohnedies nicht mehr feststellbar und auch gar nicht wesentlich, was zuerst kam: Ihr für die anderen lächerlich mißtrauisches Gehabe oder das Gehabe der anderen, das Sie mißtrauisch macht.

Selbsterfüllende Prophezeiungen haben einen geradezu magischen, »Wirklichkeits«-schaffenden Effekt und sind daher für unser Thema sehr wichtig. Und sie haben ihren Stammplatz nicht nur im Repertoire jedes Unglücklichkeitsaspiranten, sondern auch im größeren gesellschaftlichen Rahmen. Wird zum Beispiel einer Minderheit der Zugang zu bestimmten Erwerbsquellen (etwa Landwirtschaft oder Handwerk) deswegen verwehrt, weil diese Menschen nach Ansicht der Mehrheit faul, geldgierig und vor allem »volksfremd« sind, so werden sie dazu gezwungen, sich als Trödler, Schmuggler, Pfandleiher und dergleichen zu betätigen, was die abschätzige Meinung der Mehrheit »klar« bestätigt. Je mehr Verbotsschilder die Polizei aufstellt, desto mehr Fahrer werden zu Verkehrssündern, was die Aufstellung weiterer Verbotsschilder »notwendig« macht. Je mehr eine Nation sich vom Nachbarn bedroht fühlt, desto mehr wird sie sich zu ihrer Verteidigung rüsten, und desto mehr wird die Nachbarnation ihre eigene Aufrüstung für das Gebot der Stunde halten. Der Ausbruch des (längst erwarteten) Krieges ist dann nur noch eine Frage der Zeit. Je höher die Steuersätze eines Landes hinaufgeschraubt werden, um für die Hinterziehungen der natürlich für unehrlich gehaltenen Steuerzahler zu kompensieren, desto mehr werden auch ehrliche Bürger zum Schwindeln veranlaßt. Jede von einer genügend großen Zahl von Menschen geglaubte Prophezeiung der bevorstehenden Verknappung oder Verteuerung einer Ware wird (ob die Voraussage »faktisch« richtig ist oder nicht) zu Hamsterkäufen und damit zur Verknappung oder Verteuerung der Ware führen.

Die Prophezeiung des Ereignisses führt zum Ereignis der Prophezeiung. Voraussetzung ist nur, daß man sich selbst etwas prophezeit oder prophezeien läßt und daß man es für eine unabhängig von einem selbst bestehende oder unmittelbar bevorstehende Tatsache hält. Auf diese Weise kommt man genau dort an, wo man nicht ankommen wollte.

»Moribundus«

Man bewundert Menschen, die gelassen in den Tod gehen. »Anständiges«, gefaßtes Sterben, das nicht mit dem Unvermeidlichen hadert, galt und gilt in den meisten Kulturen als Ausdruck von Weisheit und ungewöhnlicher Reife. Um so überraschender und ernüchternder sind die Ergebnisse der modernen Krebsforschung, die nahelegen, daß die Sterblichkeitsrate jener Patienten höher ist, die sich in reifer, abgeklärter Weise auf den Tod vorbereiten oder die, wie das KZ-Opfer F., aus welchem Grunde auch immer, einer negativen selbsterfüllenden Prophezeiung anheimfallen. Diejenigen Kranken dagegen, die sich in scheinbar sinnloser, einsichtsloser und unreifer Weise ans Leben klammern oder der Überzeugung sind, einfach nicht sterben zu »können« oder zu »dürfen«, weil sie noch eine wichtige Aufgabe zu erfüllen haben oder für ihre nächsten Angehörigen sorgen müssen, haben wesentlich günstigere Prognosen. Für den amerikanischen Onkologen Simonton, dessen Name ganz besonders mit der nunmehr als immer wichtiger erkannten Einbeziehung psychischer Faktoren in die Krebsbehandlung verbunden ist, sind in diesem Zusammenhang drei Dinge von größter Bedeutung: Die Annahmen und Erwartungen *(belief system)* des Patienten, jene der Familie des Patienten und drittens jene des behandelnden Arztes. Daß jede einzelne dieser Erwartungen zur selbsterfüllenden Prophezeiung werden kann, erscheint in Anbetracht des bisher Gesagten plausibel. Es mehren sich ferner die Studien und Forschungsberichte über die Beeinflußbarkeit des menschlichen Immunsystems durch Gemütsschwankungen, Suggestionen und visuelle Vorstellungen.

Bis zu welchem Punkte darf und soll der Arzt seinen Patienten nicht nur über die Schwere der Krankheit, sondern auch über die Gefahren aufklären, die *die Behandlung selbst* mit sich bringt? Diese Frage wird – zumindest in gewissen Ländern – immer rhetorischer. Das Risiko des Arztes, von einem darauf spezialisierten Rechtsanwalt einen Prozeß für gewissenloses Praktizieren angehängt zu bekommen, weil er seinen Patienten nicht bis ins letzte technische Detail über sein Leiden und die Behandlung belehrt hatte, veranlaßt zum Beispiel in den Vereinigten Staaten viele Ärzte, sich in einer unter Umständen sehr folgenschweren Weise zu sichern. Diese Sicherung besteht darin, vom Patienten eine schriftliche Behandlungseinwilligung zu verlangen, in der die denkbar katastrophalsten möglichen Folgen der Erkrankung und der vom Arzt für nötig erachteten Maßnahmen in allen Einzelheiten aufgezählt werden. Daß damit eine Art selbsterfüllender Prophezeiung geschaffen wird, die sich lähmend auf die Zuversicht und den Genesungswillen selbst des abgeklärtesten Patienten auswirkt, läßt sich denken. Wer hat nicht schon einmal die Gegenindikationen selbst eines für harmlos gehaltenen Medikaments gelesen und dann das Gefühl gehabt, ein Gift zu schlukken? Wie weiß man als Laie (oder vermutlich selbst als Fachmann), daß man nicht der vierte der drei bisher gemeldeten Todesfälle sein wird, die sich unerklärlicherweise aus der millionenfachen sicheren Anwendung des Präparats ergaben? Aber: *Fiat justitia, pereat mundus.*

Da der Arzt in den Augen des Patienten sozusagen ein Mittler zwischen Leben und Tod ist, können seine Äußerungen besonders leicht zu selbsterfüllenden Prophezeiungen werden. Bis zu welchem erstaunlichen Grade dies möglich ist, zeichnet sich in einem vom amerikanischen Psychologen Gordon Allport berichteten (leider aber nicht näher belegten) Fall ab. Das Ungewöhnliche an ihm ist, daß dabei ein Mißverständnis die Prophezeiung vom Tod zum Leben verschob:

> In einem österreichischen Landeskrankenhaus liegt ein schwerkranker Mann im Sterben. Die behandelnden Ärzte haben ihm wahrheitsgemäß mitgeteilt, daß sie seine Krankheit nicht diagnostizieren können, ihm aber wahrscheinlich helfen könnten, wenn sie die Diagnose wüßten. Sie haben ihm ferner gesagt, daß ein berühmter Diagnostiker das Spital in den nächsten Tagen besuchen und vielleicht imstande sein wird, die Krankheit zu erkennen.
>
> Ein paar Tage später kommt der Spezialist wirk-

lich an und macht seine Runde. Am Bett des Kranken angekommen, wirft er nur einen flüchtigen Blick auf ihn, murmelt »*moribundus*« und geht weiter.

Einige Jahre später sucht der Mann den Spezialisten auf und sagt ihm: »Ich wollte Ihnen schon längst für Ihre Diagnose danken. Die Ärzte sagten mir, daß ich Aussicht hätte, mit dem Leben davonzukommen, wenn Sie meine Krankheit diagnostizieren könnten, und im Augenblick, da Sie ›*moribundus*‹ sagten, wußte ich, daß ich es schaffen würde.«

Das Wissen um die heilende Wirkung positiver Voraussagen ist zweifellos ebenso uralt wie der Glaube an die unausweichlichen Folgen von Flüchen und Verzauberungen. Neuzeitliche, bewußte Anwendungen positiver Fremd- und Selbstsuggestionen reichen vom »Ich werde gesund werden; es geht mir täglich besser« des Émile Coué über zahlreiche Formen hypnotherapeutischer Interventionen bis zur Beeinflussung eines Krankheitsverlaufs, nicht nur beim Krebs, durch positive, bildhafte Vorstellungsübungen. Wie weit solche Vorstellungen vom Eingetretensein eines (zukünftigen) Ereignisses selbsterfüllend ins Körperliche hineinreichen können, legen mehrere Untersuchungen nahe, wonach es möglich gewesen sein soll, den Brustumfang von Frauen durch Anwendung bestimmter selbsthypnotischer Techniken im Durchschnitt bis um 4–5 cm zu erweitern. Diese »Erfolge« seien hier mit aller gebührenden Vorsicht und als *curiosa*, in denen sich die überragende Bedeutung des Busens für die nordamerikanische Erotik abzeichnet, sozusagen nur flüchtig berührt.

Nicht viel ausführlicher können im Rahmen dieses Beitrags (und meiner Kompetenz) die modernen physiologischen und endokrinologischen Untersuchungen erwähnt werden, die immer mehr Beweise dafür liefern, daß – wie schon erwähnt – die Immunprozesse des menschlichen Organismus durch bestimmte Erlebniskategorien stimuliert werden können und daß diese Prozesse also keineswegs ganz autonom (das heißt bewußt unbeeinflußbar) sind, wie man noch bis vor kurzem annahm. Von der medizinischen Forschung sind hier in absehbarer Zeit erstaunliche Entdeckungen zu erwarten. Es steht heute bereits fest, daß der Organismus selbst eine Reihe von bisher unbekannten, morphiumartigen Substanzen – die sogenannten Endorphine – erzeugt, die schmerzstillend sind und deren Produktion durch bestimmte seelische Prozesse gefördert wird. Es handelt sich hier um ein weit offenes Neuland, auf dem das Phänomen der sich selbst erfüllenden Prophezeiungen wissenschaftliche Stubenreinheit zu erreichen beginnt.

Die Enantiodromie

Unter Enantiodromie versteht man seit Heraklit, dem großen Philosophen des Wandels, das Umschlagen der Dinge in ihr Gegenteil: »Sich in ihr Gegenteil wendend ist die Harmonie, welche durch die Gegensätze schießt«, lautet das 45. Fragment. Seit ihm haben, über die Jahrtausende hinweg, zahlreiche Denker dieses Phänomen in seinen verschiedensten Erscheinungsformen beschrieben und zu erklären versucht. Dem modernen Denken in Begriffen von Systemen und Systemeigenschaften scheint es vorbehalten, einen brauchbaren begrifflichen Zugang zu diesen prozeßhaften Abläufen zu finden, die im Sinne der klassischen, linearen Kausalitätsauffassung unlogisch und daher unerklärbar sind. In diesem Zusammenhang sind vor allem die (dem in Biologie, Physik und Chemie ungeschulten Leser allerdings schwer erfaßbaren) Arbeiten des Nobelpreisträgers Ilya Prigogine über *dissipative Strukturen* als Erklärungsprinzip der Enantiodromie zu erwähnen. Prigogine verweist darauf, daß die stabilisierenden wie die destabilisierenden Funktionen dieser Strukturen auch in gesellschaftlichen Systemen nachweisbar sind.

Rein empirisch drängt sich der Eindruck auf, daß die Enantiodromie dort am sichersten zu erwarten ist, wo eine bestimmte Haltung, Einstellung oder Orientierung extrem wird. Dies trifft offensichtlich auf die von Ideologien geschaffenen Wirklichkeiten zu, denn dort muß – wie in diesem Beitrag zu zeigen versucht wurde – alles der Ideologie Widersprechende als nichtexistent behandelt oder zur Nichtexistenz gebracht werden. Eben damit aber verfängt sich die Ideologie in den Tücken der aktiven Negation, denn, wie Elster dies beispielsweise für den Atheismus analysiert, bleibt der negative Glaube des Atheisten ebenso mit Gott verbunden wie der des Gläubigen (oder sogar noch mehr, falls der Gläubige von keinem besonderen Bekehrungseifer besessen ist); denn »die Ohnmacht des Atheismus rührt ja gerade daher, daß er das Unmögliche will: durch die aktive Negation einen Zustand passiver Negation herbeizuführen«.

Solange sich dieses Dilemma nur im Kopfe des Ideologen abspielt, kann die übrige Menschheit es mit Achselzucken oder Lachen abtun. Wie die Erfahrung aber lehrt, vergeht uns das Lachen sehr rasch, sobald der enantiodromische Baustein zur Konstruktion der ideologischen Wirklichkeit tatsächlich und nicht nur in der Phantasie hinzugefügt wird. Ein Beispiel dafür bietet die Figur des Schigaljow in Dostojewskis Roman *Die Dämonen*. Schigaljow ist der Erfinder eines utopischen Systems, durch das »die jetzige Gesellschaftsform abgelöst werden wird«. Wie sich denken läßt, ist dieses System überaus komplex. Er ist bereit, es seinen Mitverschwörern in gekürzter Form vorzutragen, warnt sie aber von vornherein, daß

> ich noch eine Menge mündlicher Erklärungen hinzuzufügen habe, und es fordert daher die ganze Auseinandersetzung mindestens zehn Abende, gemäß der Anzahl der Kapitel meines Buchs. (Gelächter läßt sich hören.) Außerdem erkläre ich von vornherein, daß mein System nicht beendet ist. (Wiederum Gelächter.) Ich habe mich in meinen eigenen Behauptungen verfangen, und mein Schluß steht in direktem Widerspruch zu der ursprünglichen Idee, von welcher ich ausgehe. Indem ich von schrankenloser Freiheit ausgehe, schließe ich mit unbeschränktem Despotismus. Aber ich füge hinzu, daß es außer meiner Lösung der gesellschaftlichen Formel keine andere geben kann. (Das Gelächter wuchs immer mehr.)

Während Schigaljow eine fiktive Persönlichkeit ist, ist sein Dilemma dies keineswegs. Es ist vielmehr krasse Wirklichkeit in vielen Ländern, in denen der Schigaljowismus zur Macht kam. Je aktiver die Negation, desto machtvoller drängt sich das Negierte auf. Freud sprach von der Rückkehr des Verdrängten; für Jung enthält jedes psychologische Extrem »im Geheimen seinen Gegensatz oder steht sonstwie mit diesem in nächster und wesentlichster Beziehung«; Lenin, der glaubte, »den Beamtenapparat vollständig zertrümmert« zu haben, erlebte die diesbezügliche Enantiodromie als bittere Enttäuschung. Hierzu Heinz Abosch:

> Auf den Trümmern des alten Apparates entstand eine neue, zahlenmäßig ungleich größere Bürokratie mit noch absoluteren Machtbefugnissen. Die letzten Lebensjahre verbrachte Lenin mit unaufhörlichen Klagen über dieses Krebsgeschwür; jetzt pries er nicht mehr die »Zertrümmerung« des Beamtenapparates, sondern bedauerte dessen allseitigen Triumph. In einer geheimen Notiz gestand er 1922, daß der Sowjetstaat »vom Zarismus übernommen und nur ganz leicht mit Sowjetöl« gesalbt worden sei.

Nicht jeder Ideologe nimmt es gleich so tragisch. Die nach Jahren aus dem Untergrund auftauchenden Terroristen scheinen dazu zu neigen, pausbäckig und treuherzig zu versichern, daß »es« ihnen leid tue, irren aber eben menschlich sei. Der Präsident von Kambodscha, Khieu Samphan, der mit seiner der Sorbonne vorgelegten Dissertation den Khmer Rouge die ideologische Basis und Rechtfertigung für die Ermordung von ungefähr 250000 Menschen und die langsame Liquidierung einer weiteren Million durch Zwangsarbeit und Entbehrungen gab, erklärte laut *United Press International* vom 20. 8. 1980 einsichtsvoll:

> Wir wissen, daß für unsere Generation die Hoffnung auf eine sozialistische Revolution nicht mehr besteht. Das einzige Ziel, das wir zu unseren Lebzeiten erhoffen können, ist das Überleben Kambodschas. [...] Die Bevölkerung hat noch etwas Angst vor uns, aber wir sagen ihnen, daß wir in erster Linie Nationalisten und dann erst Kommunisten sind, und daß wir jetzt begreifen, daß wir unseren Traum vom Sozialismus nicht erfüllen können.

Das Scheitern der Ideologie führt nicht notwendigerweise zu einer Einsicht in den fatalen Prozeß des ideologischen Konstruktivismus. Es macht nur Raum für eine neue Konstruktion. Denn von der Wirklichkeit wissen wir bestenfalls, was sie *nicht* ist, oder wie von Glasersfeld es so klar ausdrückt: nämlich daß

> die »wirkliche« Welt sich ausschließlich dort offenbart, wo unsere Konstruktionen scheitern. Da wir das Scheitern aber immer nur in eben jenen Begriffen beschreiben und erklären können, die wir zum Bau der scheiternden Strukturen verwendet haben, kann es uns niemals ein Bild der Welt vermitteln, die wir für das Scheitern verantwortlich machen könnten.

Es ist schwierig, sich der enantiodromischen Tatsache bewußt zu werden, daß die in der praktischen Anwendung einer Ideologie anzutreffenden Schattenseiten weder auf »Betriebsunfälle« noch auf die Unfähigkeit kleiner (oder auch großer) Apparatschiks oder auf die finsteren Machenschaften innerer oder äußerer Feinde abgeschoben werden können. Den Grund dafür zeigt uns Stolzenberg, wenn er darauf verweist, daß man der Falle einer bestimmten grundsätzlichen Auffassung nur dadurch entgehen kann, daß man diese Auffassung nicht mehr als eine vermeintlich unabhängig von uns existierende Tatsache sieht, die dann zu gewissen Schlüssen führt (die ihrerseits – rückbezüglich – die »Wahrheit« der Auffassung »beweisen«), sondern dadurch, daß man die Grundauffassung in Frage stellt.

Eben diese Fragen stellt Duverger in seinem bereits erwähnten Buch *Les orangers du Lac Balaton:*

> Was aber, wenn Marx nicht verraten wurde? Er wollte die schrecklichen Regime nicht, die sich auf ihn berufen. Sie hätten ihm wahrscheinlich Grauen eingeflößt. Aber wenn sie nicht ein Auswuchs, eine Fehlauffassung, eine Abweichung von seiner Lehre sind? Was, wenn sie vielmehr ein Aspekt sind, der ihre bis zur letzten Konsequenz geführte, innere Logik enthüllt?

Und im Verlauf seines Buchs zeigt Duverger meisterhaft, daß sich diese »Auswüchse« tatsächlich aus der Natur der Ideologie ergeben.

In ähnlicher Weise sprechen die »Neuen Philosophen« Frankreichs heute das klar aus, was – wie oben erwähnt – einem Solschenizyn vor weniger als zehn Jahren noch als heimtückische Verdrehung der Tatsachen angekreidet wurde. »Es gibt keinen Wurm in der Frucht, keine später gekommene Sünde, sondern der Wurm ist die Frucht und die Sünde ist Marx«, so Bernard Lévy in seiner *Barbarei mit menschlichem Antlitz.* Dieselbe Erkenntnis findet sich in André Glucksmanns *Maîtres Penseurs:* Keine russischen Lager ohne Marxismus. Und Monique Hirshhorn faßt diese Entwicklung mit den Worten zusammen:

> Aus ihrem dogmatischen Schlummer erweckt, entdecken die Neuen Philosophen die Wahrheit in einer Überlegung von eklatanter Einfachheit. Die Verbindung von Gulag zu Marx ist offensichtlich. Der Gulag ist kein Verkehrsunfall, der sich aus dem Phänomen der Bürokratie ergibt, aus den Abweichungen Stalins oder den Irrtümern Lenins, sondern er ist die unmittelbare logische Folge der marxistischen Prinzipien. Die klassenlose Gesellschaft ist kein messianisches Trugbild, sondern der andere Name des Terrors.

Es ist eine der Folgen des primitiven Ursachendenkens, daß die Enantiodromie – allen historischen Gegenbeweisen zum Trotz – Schwärmern wie Ideologen unvorstellbar bleibt und für sie daher völlig unerwartet hereinbricht. Erschwerend kommt dazu, daß diese Flachdenker die Menschlichkeit, Moral und Gerechtigkeit für sich gepachtet haben. Welcher Mensch guten Willens wäre nicht bereit, sich vorbehaltlos solch zündenden Parolen wie klassenlose Gesellschaft, Freiheit, Gleichheit, Brüderlichkeit und dergleichen zu verschreiben? Die Ernüchterung kommt für die meisten zu spät – außer für den seltenen Großinquisitor, der es schon immer weiß. Weder der Inhalt noch der geographische Locus der Ideologien ändert daran etwas. Ob zum Beispiel der Zustand der Gleichheit aller im marxistischen oder kapitalistischen Sinne hergestellt werden soll, hat auf das stereotype Resultat keinen Einfluß: Der Versuch, die natürliche Verschiedenheit der Menschen auszugleichen, führt unweigerlich zu totalitären Exzessen von Ungleichheit. In ähnlicher Weise kann sich die Vernichtung der Freiheit sowohl aus ihrer schrankenlosen Überbetonung wie auch aus ihrer allzu ängstlichen Behütung ergeben.

Was der Ideologe in seiner Suche nach Vollkommenheit auch dann nicht annehmen könnte, wenn er es sähe, ist eine uralte Wahrheit, die in den letzten Jahrzehnten in immer überzeugenderer Form in den scheinbar verschiedensten Wissensgebieten wiederentdeckt wird. Es ist die Tatsache, daß komplexe Systeme, wie zum Beispiel die menschliche Gesellschaft, homöostatisch, das heißt selbstregulierend sind, daß in ihnen Normabweichungen *selbst* zur Korrektur von Zuständen führen, die das System gefährden oder seine natürliche Weiterentwicklung hemmen. Aber alles, was sich weiterentwickelt, ist eben deswegen unvollkommen – und unvollkommen darf die ideologische Wirklichkeit nicht sein. In komplexen Systemen ergibt sich Wandel und Evolution nur aus Faktoren, die zunächst als Abweichung und Pathologie erscheinen und ohne die das System in hoffnungsloser Sterilität (die sich auch »kein Jota« an Änderung leisten kann) erstarren würde. In dieser Sicht erweist sich der vermeintliche Feind dann als der archetypische dunkle

Bruder oder der dämonische Doppelgänger, der nicht liquidiert, sondern akzeptiert werden muß.

Zum Verständnis dieser Komplexität und ihrer dem »gesunden Menschenverstand« noch unfaßbaren Logik, die sich paradoxerweise sowohl bestätigt wie aufhebt, werden die Denker des Konstruktivismus ihre neuen Ansätze konstruieren. Einstweilen bleibt uns als Lichtblick Winston Churchills weiser Ausspruch: »*Democracy is a lousy form of government, but I don't know a better one.*«

Beziehungen und Kommunikation

Sprachverwirrungen

Die Gefahr der Konfusion besteht überall dort, wo Sinn und Bedeutung von einer Sprache (im weitesten Sinne) in eine andere übertragen werden muß. Reine Übersetzungsfehler und ganz einfach minderwertige Übersetzungen sollen uns hier nicht interessieren. Etwas bedeutsamer sind die Formen sprachlicher Konfusion, die sich aus der unterschiedlichen Bedeutung gleicher oder ähnlicher Worte ergeben. *Burro* ist das italienische Wort für Butter, auf spanisch aber bedeutet es Esel – und diese scheinbare Identität liefert die Pointe für mehrere hispano-italienische Witze. *Chiavari* (mit der Betonung auf dem ersten a) ist ein Kurort an der italienischen Riviera di Levante; *chiavare* (mit der Betonung auf dem zweiten a) ist ein nicht sehr gesellschaftsfähiges italienisches Zeitwort, das sich auf die Ausübung von Geschlechtsverkehr bezieht. Die Konfusion dieser beiden Worte liefert die Pointe anspruchsloser Witze über beschränkte Ausländer, deren italienische Aussprache zu wünschen übrigläßt. Etwas weniger harmlos ist die erstaunlich häufige Fehlübersetzung des englischen Eigenschaftsworts *actual* mit *aktuell* im Deutschen (beziehungsweise dem spanischen *actual*, dem italienischen *attuale* oder dem französischen *actuel*). Das englische *actual* bedeutet »wirklich, tatsächlich, eigentlich«, während *aktuell* bekanntlich

»im gegenwärtigen Zeitpunkt wichtig oder gültig, neuzeitlich« bedeutet. Ähnlich geht es mit der Übersetzung von *eventually,* das eben nicht *eventuell* (bzw. *eventualmente* oder *eventuellement*) bedeutet, sondern »schließlich, endlich«. Wesentlich ernster sind aber die Irrtümer, die selbst erfahrenen Übersetzern mit dem Zahlwort *billion* unterlaufen, das in den USA und in Frankreich tausend Millionen (10^9) bezeichnet, in Großbritannien und den meisten anderen europäischen Ländern aber eine Million Millionen (10^{12}). In diesen Ländern ist die richtige Übersetzung der amerikanischen beziehungsweise französischen *billion* daher Milliarde (beziehungsweise *miliardo* etc.). Es erübrigt sich, darauf zu verweisen, daß die Folgen einer Konfusion zwischen Butter und Esel kaum schwerwiegend sein dürften, wohl aber die Verwechslung von 10^9 und 10^{12}, wenn sich dieser Fehler zum Beispiel in ein Lehrbuch der Kernphysik einschleicht.

Diese kurzen Hinweise sollen lediglich zur Einführung der weniger bekannten Tatsache dienen, daß – im Widerspruch zum Buch Genesis – babylonische Sprachverwirrungen sich nicht auf menschliche Kommunikation beschränken. Die bahnbrechenden Untersuchungen des Nobelpreisträgers Karl von Frisch zeigen, daß Bienen eine sehr komplexe Körpersprache verwenden, um ihren Artgenossen nicht nur die Entdeckung, sondern auch die Lage und die Qualität neuer Futterplätze mitzuteilen. Im allgemeinen verwenden sie dafür drei verschiedene »Tänze«:

1. Wenn der gefundene Nektar in unmittelbarer Nähe des Stocks ist, führt die Biene einen sogenannten Rundtanz aus, der in abwechselnden Vollkreisen rechts- und linksherum besteht.

2. Futter in mittlerer Entfernung vom Stock wird durch den sogenannten Sicheltanz angezeigt, der, von oben gesehen, einer flachen, sichelartig verbogenen Acht gleicht. Die Öffnung der Sichel zeigt in die Richtung der Nahrungsquelle, und wie auch in anderen Bienentänzen bezieht sich die Geschwindigkeit des Tanzes auf die Qualität des Nektars.

3. Ist das Futter noch weiter vom Stock entfernt, so führt die Biene einen sogenannten Schwänzeltanz aus, der darin besteht, daß sie sich einige Zentimeter Richtung Fundstelle bewegt, im Halbkreis nach rechts oder links zum Ausgangspunkt zurückkehrt und von dort aus die Bewegung wiederholt. Während des geraden Vorrükkens bewegt sie ihren Unterleib auffällig hin und her.

Vor einigen Jahren machte von Frisch die zusätzliche Entdeckung, daß zwei Bienenarten, nämlich die österreichische und die italienische Biene *(Apis mellifera carnica* und *Apis mellifera ligustica)* zwar sich kreuzen und friedlich zusammenleben und -arbeiten können, daß sie aber verschiedene »Dialekte« sprechen, das heißt, daß die eben erwähnten Entfernungsangaben für sie verschiedene Bedeutungen haben. Die italienische Biene verwendet den Schwänzeltanz zur Angabe von Entfernungen über 40 Meter, während für die österreichische dasselbe Signal eine Entfernung von mindestens 90 Metern bedeutet. Eine österreichische Biene, die sich mit der von einer italienischen Kollegin gegebenen Information auf den Flug zum Nektar macht, wird ihn also vergeblich, da viel zu weit vom Stock entfernt, suchen. Umgekehrt wird eine italienische Biene nicht weit genug fliegen, wenn sie sich auf österreichische Information verläßt.

Die Sprache der Bienen ist angeboren. Von Frisch konnte österreichisch-italienische Kreuzungen züchten, deren Kommunikationsverhalten zu babylonischen Verwirrungen Anlaß gab: Er fand, daß 16 seiner Kreuzungen zwar die typische Körperzeichnung ihres italienischen Elternteils hatten, 65- von 66mal aber den Sicheltanz zur Kommunikation mittlerer Entfernungen vom Stock verwendeten. 15 dieser Kreuzungen dagegen sahen wie ihr österreichischer Elternteil aus, verwendeten aber 47- von 49mal den Rundtanz, wenn sie dieselbe Entfernung meinten. Mit anderen Worten, sie »sprachen italienisch«.

Die offensichtliche Lehre, die wir aus diesem Beispiel ziehen können, ist, daß die Zuschreibung einer bestimmten Bedeutung an ein bestimmtes Zeichen dann zur Konfusion führen muß, wenn diese Zuschreibung nicht von allen Zeichenbenutzern anerkannt wird – es sei denn, daß die verschiedenen Bedeutungen richtig von der einen in die andere Sprache (im weitesten Sinne dieses Ausdrucks) übersetzt werden.

Weniger offensichtlich ist die Tatsache, daß auch wir Menschen dadurch, daß wir für unsere Kommunikation nicht nur Laut-, sondern auch Körpersprache verwenden, für dieselben Probleme anfällig sind wie die eben erwähnten Bienen. Die averbalen Ausdrucksformen der Körpersprache, die wir von unseren tierischen Vorfahren ererbt und in typisch menschlicher Weise weiterentwickelt haben, sind viel archaischer und daher viel bewußtseinsferner als unsere menschlichen Lautsprachen. Es gibt unzählige Verhaltensformen, die allen Mitgliedern einer bestimmten Kultur zur Vermittlung averbaler Kommunikation dienen. Diese Verhaltensweisen sind das Resultat des Aufwachsens und der Sozialisierung in einer bestimmten Kulturform, Familientradition usw. und werden dadurch sozusagen in uns hineinprogrammiert. Die Ethnologen verweisen bekanntlich darauf, daß es in verschiedenen Kulturen buchstäblich Hunderte von Formen der Begrüßung, des Ausdrucks von Freude oder Trauer, des Sitzens, Stehens, Gehens, Lachens usw. gibt. Wenn wir uns vor Augen halten, daß alles Verhalten in Gegenwart eines anderen Mitteilungscharakter hat, so sehen wir leicht ein, wieviel Raum für Konfusion und Konflikt allein schon im Bereich der Körpersprachen, geschweige denn in dem der Lautsprachen besteht. Hierzu zwei Beispiele:

In jeder Kultur gibt es eine Regel über den »richtigen« Abstand, den man einem Fremden gegenüber *en face* einzunehmen hat. In Westeuropa und in Nordamerika ist dieser Abstand die sprichwörtliche Armeslänge. Im Mittelmeerraum und in Lateinamerika ist dieser Abstand wesentlich anders: Zwei aufeinander zugehende Personen bleiben auf viel kürzerer Distanz voneinander stehen. Wie Hunderte anderer, ähnlicher Regeln für »richtiges« Verhalten in einem bestimmten Wirklichkeitsrahmen sind auch diese Abstände rein außerbewußt, und solange sie von allen Kommunikationsteilnehmern befolgt werden, kann zwischen diesen kein Konflikt entstehen. Wenn sich nun aber ein Nordamerikaner und ein Südamerikaner in dieser Situation befinden, wird sich unweigerlich ein typischer Verhaltensablauf ergeben: Der Südamerikaner wird den für ihn als richtig empfundenen Abstand einnehmen, der Nordamerikaner dagegen wird die Situation undeutlich als unangenehm empfinden und durch Zurücktreten die für ihn »richtige« Distanz herstellen. Nun ist die Reihe am Südamerikaner, das vage Gefühl zu haben, daß etwas nicht stimmt, und er wird aufrücken usw. – bis der Nordamerikaner schließlich mit dem Rücken gegen eine Wand stoßen (und eventuell in eine homosexuelle Panik geraten) wird. Auf jeden Fall werden beide das undeutliche Gefühl haben, daß sich der *andere* falsch benimmt, und beide werden versuchen, die Situation zu korrigieren. Damit aber erzeugen sie einen typisch menschlichen Konflikt, der darin besteht, daß das Korrekturverhalten des einen Partners vom anderen als *das* Verhalten gesehen wird, das der Korrektur bedarf. Und da ihnen aller Wahrscheinlichkeit nach kein Ethnologe zu Hilfe kommen und die Verschiedenheit ihrer Körpersprachen und der durch sie ausgedrückten kulturellen Normen erklären wird, sind sie in einer mißlicheren Lage als die erfolglos suchenden Bienen, da sie sich gegenseitig die Schuld an ihrem Konflikt zuschieben werden.

Das zweite Beispiel ist dem Buch *Interpersonelle Wahrnehmung* von Laing und seinen Mitarbeitern entnommen. Ein in Ehetherapie stehendes, seit acht Jahren verheiratetes Paar berichtet, daß es bereits am zweiten Tage seiner Flitterwochen den ersten Ehezwist hatte. Die beiden saßen in einer Hotelbar, und die Frau knüpfte ein Gespräch mit einem anderen, ihnen unbekannten Ehepaar am nächsten Tisch an. Zu ihrer Enttäuschung und ihrem Ärger weigerte sich ihr Mann, an dieser Konversation teilzunehmen, und legte ein auffällig feindseliges und abweisendes Benehmen an den Tag. Sie fühlte sich dadurch in eine peinliche gesellschaftliche Lage versetzt, und nach Rückkehr auf ihr Zimmer kam es zu einer bitteren Auseinandersetzung, in der sie sich gegenseitig der Rücksichtslosigkeit beschuldigten.

Nun, acht Jahre später, stellt es sich heraus, daß die beiden ganz verschiedene Interpretationen vom Zweck und der Bedeutung der Flitterwochen (eines Brauchs, der zum Wohle der Menschheit ohnehin behördlich verboten werden sollte) hatten. Für die Frau waren die Flitterwochen die erste Gelegenheit, ihre neue gesellschaftliche Rolle auszuüben; bis dahin, so sagte sie, hatte sie nie ein Gespräch als Ehefrau mit einer anderen Ehefrau gehabt – sie war bisher nur Tochter, Schwester, Freundin und Verlobte gewesen.

Seiner Auffassung nach waren die Flitterwochen aber eine Zeit ausschließlichen Zusammenseins, eine einmalige Gelegenheit, der übrigen Welt den Rücken zu kehren und sich gegenseitig näherzukommen. Ihr Gespräch mit dem anderen Ehepaar bedeutete für ihn daher, daß ihr seine Gesellschaft nicht genügte und er ihre Bedürfnisse nicht befriedigen konnte. Und auch hier fehlte natürlich der »Übersetzer«, der den »Übersetzungsfehler« der beiden hätte entdecken und ihnen klarmachen können.

Um aber von fast gänzlich außerbewußten Sachverhalten zur weitgehend bewußten Verwendung von Lautsprachen zurückzukehren, sei festgestellt, daß auch ein Übersetzer im eigentlichen Sinne des Wortes weit mehr als nur Sprachen kennen muß. Übersetzen ist eine Kunst, und dies bringt es einerseits mit sich, daß auch ein schlechter Übersetzer immer noch Besseres leistet als eine Übersetzungsmaschine. Andererseits aber bedingt auch die beste Übersetzung einen Verlust – vielleicht nicht sosehr einen Verlust an objektiver Information, aber zweifellos an jenen schwer zu erfassenden Merkmalen einer Sprache, die ihr Wesen ausmachen: ihre Schönheit und Bilderwelt, ihre Tradition, ihren Rhythmus und die vielen anderen Eigenarten, für die es keine unmittelbare Übersetzung gibt.

Die Italiener haben ein Sprichwort: *Traduttore, traditore.* Was diesen Ausdruck so interessant macht, ist, daß er sowohl die Schwierigkeit ausdrückt, originalgetreu zu übersetzen, als auch, daß er selbst ein Beispiel dieser Schwierigkeit ist. Wie der Sprachwissenschaftler Roman Jacobson einmal bemerkte, würde die (sprachlich richtige) Übersetzung »Der Übersetzer ist ein Verräter« diesen Ausdruck seines paronomastischen Wertes entkleiden. Das heißt, die Übersetzung wäre zwar korrekt, aber trotzdem nicht im entferntesten das, was das Original ausdrückt.

Konfusion

Der Philosoph Karl Popper will einem Kollegen einmal folgende Postkarte geschickt haben:

> Lieber M. G.,
> bitte senden Sie mir diese Karte wieder zurück, tragen Sie aber vorher »ja« oder irgendein beliebiges anderes Zeichen in das leere Rechteck links von meiner Unterschrift ein, wenn Sie Grund zur Annahme haben, daß ich bei Erhalt der Karte dieses Rechteck noch leer vorfinden werde.
>
> Ihr ergebener
> K. R. Popper

Falls dies im Kopf des Lesers ein gewisses Gefühl der Lähmung erzeugt hat, so hat er damit bereits die erste praktische Erfahrung mit einer weiteren Gattung der Konfusion gemacht. Im bekannten Kinderbuch *Mary Poppins* von Pamela Travers kommt sie noch besser zum Ausdruck. Mary Poppins, ein englisches Kindermädchen, besucht mit ihren beiden Schützlingen, Jane und Michael, Frau Corrys Lebkuchenladen. Frau Corry, eine kleine, verhutzelte, hexenhafte Alte, hat zwei riesenhafte, freudlose Töchter namens Fannie und Annie, die als Ladenmädchen arbeiten, während sie selbst sich meist in einem Stübchen hinter dem Ladenraum aufhält. Als sie Mary Poppins und die Kinder hört, kommt sie heraus:

»Ich nehme an, meine Liebe –« sie wandte sich an Mary Poppins, die eine alte Bekannte zu sein schien –, »ihr seid wegen Pfefferkuchen gekommen?«

»Erraten, Missis Corry«, antwortete Mary Poppins sehr höflich.

»Sehr gut! Haben euch Fannie und Annie noch keine gegeben?« Bei dieser Frage sah sie Jane und Michael an.

Jane schüttelte den Kopf. Zwei schüchterne Stimmen kamen hinter dem Ladentisch hervor.

»Nein, Mutter«, sagte Miss Fannie betreten.

»Wir waren dabei, Mutter –« flüsterte Miss Annie verschüchtert.

Missis Corry richtete sich auf, so hoch sie konnte, und betrachtete ihre riesigen Töchter voll Zorn. Sie sagte leise, aber verärgert und höhnisch:

»Eben dabei? Wirklich? Das ist ja höchst interessant. Und wer, darf ich fragen, Annie, gab dir die Erlaubnis, meine Pfefferkuchen fortzugeben –?«

»Niemand, Mutter. Und ich hab' sie auch nicht fortgegeben. Ich dachte nur –«

»Du dachtest nur. Das ist sehr gütig von dir. Aber ich wäre dir dankbar, wenn du es bleiben ließest. Was es hier zu denken gibt, besorge ich!« erklärte Missis Corry mit ihrer leisen, schrecklichen Stimme. Dann brach sie in ein grelles, gackerndes Gelächter aus.

»Schaut sie an! Schaut sie nur an! Angsthase! Heulsuse!« kreischte sie und zeigte mit ihrem knotigen Finger auf die Tochter.

Jane und Michael drehten sich um und sahen, wie eine große Träne über Miss Annies trauriges Gesicht kollerte; aber sie wagten nichts zu sagen, denn so winzig Missis Corry war, sie fühlten sich vor ihr verlegen und eingeschüchtert.

In weniger als einer halben Minute gelingt es Frau Corry also, die arme Annie in allen drei Bereichen menschlichen Lebens und Erlebens zu blockieren, nämlich in ihrem Handeln, Denken und Fühlen. Durch die Form ihrer ersten Frage deutet sie an, daß sie es von ihren Töchtern als selbstverständlich erwartet, den Kindern Lebkuchen zu geben. Sobald sich ihre Töchter aber dafür entschuldigen, dies noch nicht getan zu haben, spricht sie ihnen plötzlich das Recht zum selbständigen *Handeln* ab. Annie versucht daraufhin, sich damit zu verteidigen, daß sie es ja nicht wirklich getan, sondern nur zu tun beabsichtigt habe – offensichtlich in der immerhin vernünftigen

Annahme, daß ihre Mutter bei ihr zumindest selbständiges *Denken* voraussetzt. Doch auch dies trägt ihr kein mütterliches Lob ein, denn Frau Corry läßt sie prompt wissen, daß sie kein Recht hat, derlei oder überhaupt zu denken. Und die Art und Weise, in der die Mutter ihr Mißfallen zum Ausdruck bringt, läßt schließlich keinen Zweifel darüber, daß die Angelegenheit keine Kleinigkeit ist, sondern daß sie sich von ihren Töchtern Reue erwartet. Kaum hat sie Annie damit in Tränen versetzt, verhöhnt sie als nächstes die *Gefühle* ihrer Tochter.

Wir wissen nicht, warum Frau Corry so mit ihren Töchtern umgeht, aber wir können es uns nicht leisten, die Geschichte einfach als fiktiv abzutun. Das eben beschriebene Kommunikationsmuster findet sich nämlich in klinisch gestörten Familien nur zu häufig, und es existiert darüber eine ausgedehnte Literatur. Man spricht von ihm als einer Doppelbindung. Was dieser Begriff und die oben angeführten Beispiele gemeinsam haben, ist ihre Struktur, die der der Paradoxien (der Antinomien) in der Formallogik entspricht. Während die Paradoxien der Logik für den Nichtfachmann aber höchstens amüsante Erinnerungen an seine Schulzeit sind, ist ihr Auftreten im Gebiet der menschlichen Kommunikation von überragender Bedeutung. Und ganz ähnlich wie bei Frau Corrys Tochter lassen sich dabei drei Variationen des Grundthemas unterscheiden:

1. Wer für seine Wirklichkeitswahrnehmungen oder für die Art und Weise, wie er sich *selbst* sieht, von für ihn lebenswichtigen anderen Menschen getadelt wird (zum Beispiel ein Kind von seinen Eltern), wird schließlich dazu neigen, seinen Sinnen zu mißtrauen. Die damit ver-

bundene Unsicherheit wird die anderen zur Aufforderung veranlassen, sich doch mehr anzustrengen und die Dinge »richtig« zu sehen. Früher oder später wird damit auch unterstellt, daß er verrückt sein muß, wenn er solche merkwürdigen Ansichten hat. Da ihm auf diese Weise immer wieder nahegelegt wird, er habe unrecht, wird es ihm noch schwerer fallen, sich in der Welt und besonders in zwischenmenschlichen Situationen zurechtzufinden, und er wird in seiner Konfusion dazu neigen, auf immer abwegigere und verschrobenere Weise nach jenen Sinnzusammenhängen und jener Ordnung der Wirklichkeit zu suchen, die den anderen anscheinend so klar sind, ihm aber nicht. Unter Außerachtlassung der eben beschriebenen Interaktion mit den Personen seiner Umwelt wird sein so in künstlicher Isolierung gesehenes Verhalten dem klinischen Bild der Schizophrenie entsprechen.

2. Wer von anderen, die für ihn lebenswichtig sind, dafür verantwortlich gemacht wird, anders zu fühlen, als er fühlen *sollte,* wird sich schließlich dafür schuldig fühlen, nicht die »richtigen« Gefühle in sich erwecken zu können. Dieses Schuldgefühl kann dann selbst der Liste jener hinzugefügt werden, die er nicht haben sollte. Am häufigsten ergibt sich dieses Dilemma dann, wenn Eltern sich so fest der landläufigen Annahme verschrieben haben, ein richtig erzogenes Kind müsse ein fröhliches Kind sein, daß sie selbst in der unbedeutendsten Verstimmung ihres Kindes eine stumme Anklage elterlichen Versagens sehen. Meist verteidigen sie sich darauf mit einer Gegenklage, die das Recht des Kindes auf sogenannte negative Gefühle bestreitet, etwa: »Nach allem, was wir für dich getan haben, solltest du froh und zufrieden sein.« Auf

diese Weise kann auch die kleinste vorübergehende Traurigkeit oder Verzagtheit des Kindes zu Undankbarkeit und Böswilligkeit abgestempelt werden und in ihm endlose Gewissensqualen erzeugen. In künstlicher Isolierung, das heißt wiederum ohne Berücksichtigung des zwischenmenschlichen Kontextes, entspricht das sich daraus ergebende Verhalten des Kindes dem klinischen Bild der Depression.

3. Wer von Personen, die für ihn lebenswichtig sind, Verhaltensanweisungen erhält, die bestimmte Handlungen sowohl erfordern als auch verbieten, wird dadurch in eine paradoxe Situation versetzt, in der er nur durch Ungehorsam gehorchen kann. Die Grundformel dieser Paradoxie ist: »Tu, was ich sage, und nicht, was ich möchte.« Sie liegt zum Beispiel dort vor, wo Eltern von ihrem Jungen erwarten, daß er sowohl Respekt für Gesetz und Ordnung habe als auch ein rechter Draufgänger sei. Andere Eltern legen so großen Wert auf Gewinnen, daß für sie einerseits jedes Mittel diesen Zweck zu heiligen scheint, sie aber andererseits bei ihrem Kind auf Fairneß und Ehrlichkeit in allen Lebenslagen pochen. In ähnlicher Weise mag eine Mutter ihre Tochter bereits in sehr frühem Alter vor der Häßlichkeit und den Gefahren alles Sexuellen zu warnen beginnen, ihr gleichzeitig aber keinen Zweifel darüber lassen, daß man als Frau sich von Männern umschwärmen und begehren lassen soll. Das sich aus diesem Widerspruch ergebende Verhalten entspricht häufig der sozialen Definition der Haltlosigkeit.

Die Ratte und der Versuchsleiter – Interpunktion

Wohl alle Psychologiestudenten kennen den alten Witz von der Laborratte, die einer anderen Ratte das Verhalten des Versuchsleiters mit den Worten erklärt: »Ich habe diesen Mann so trainiert, daß er mir jedesmal Futter gibt, wenn ich diesen Hebel drücke.« Damit beweist die Ratte, daß sie in derselben Reiz-Reaktionsfolge eine andere Gesetzmäßigkeit sieht als der Versuchsleiter: Für ihn ist der Hebeldruck der Ratte eine von ihr erlernte *Reaktion* auf einen von ihm unmittelbar vorher gegebenen Reiz; wie aber die Ratte die Wirklichkeit sieht, ist ihr Hebeldruck ein *Reiz,* den *sie* dem Versuchsleiter erteilt, worauf er mit dem Geben von Futter als erlernter Reaktion antwortet usw. Obwohl beide also dieselben *Tatsachen* sehen, schreiben sie ihnen zwei sehr verschiedene Bedeutungen zu und erleben sie daher buchstäblich als zwei verschiedene Wirklichkeiten. Da ich dieses Phänomen des Einteilens oder Gruppierens, diese sogenannte *Interpunktion* von Ereignisabläufen an anderem Orte ausführlich behandelt habe, möchte ich mich hier auf einige weniger theoretische Veranschaulichungen beschränken. Ich werde daher der Frage ausweichen, warum es unerläßlich ist, zu interpunktieren, das heißt der Wirklichkeit eine bestimmte Ordnung zuzuweisen, und möchte nur die offensichtliche Tatsache herausstreichen: nämlich daß ohne diese Ordnung unsere Welt uns regellos, chaotisch, völlig unvorhersehbar und daher äußerst bedrohlich erscheinen würde. Schon in den frühen zwanziger

Jahren haben die Gestaltpsychologen diese Tendenz zum unablässigen Ordnen der Umwelt von der Neurophysiologie einfachster Organismen bis in die differenziertesten menschlichen Funktionen hinauf verfolgt.

Wir sehen also, daß das verschiedene Ordnen (Interpunktieren) von Ereignisabläufen im eigentlichen Sinne des Wortes verschiedene Wirklichkeiten erzeugt. Dies läßt sich besonders klar in bestimmten Formen menschlicher Konflikte erkennen. So mag eine Mutter sich zum Beispiel als die einzige Brücke zwischen ihrem Mann und ihren Kindern sehen – ohne ihre dauernde Anstrengung, zwischen ihnen zu vermitteln, bestünde zwischen ihm und den Kindern überhaupt keine Bindung. Der Mann aber ist weit davon entfernt, ihre Sicht des Problems zu teilen. Für ihn ist sie ein dauerndes Hindernis zwischen ihm und den Kindern – wenn sie sich nur nicht ewig einmischen würde, könnte er zu ihnen eine viel engere und herzlichere Beziehung haben. Genau wie die Ratte und der Versuchsleiter sehen auch sie nicht die einzelnen Ereignisse *als solche* anders, sondern die Bedeutung, die innere Ordnung ihres Ablaufs – und dies führt dann zu so widersprüchlichen Perspektiven wie »Brücke« oder »Hindernis«.

Ein Ehemann hat den begründeten oder irrtümlichen Eindruck – für unsere Überlegungen ist das von ganz untergeordneter Bedeutung –, daß es seiner Frau peinlich ist, mit ihm in der Öffentlichkeit gesehen zu werden. Ein Zwischenfall liefert ihm einen weiteren »Beweis« für die Richtigkeit seines Verdachts. Sie waren, etwas verspätet, auf dem Weg zu einer Vorstellung, und als sie vom Parkplatz auf das Theater zueilten, ging sie (laut ihm) hinter ihm her. »Gleichgültig, wie langsam ich auch ging, du bliebst immer einige Schritte hinter mir.« »Das ist nicht wahr«, empört sie sich, »wie sehr ich mich auch beeilte, du hieltst dich absichtlich immer mehrere Schritte vor mir.«

Zu diesem Beispiel ließe sich einwenden, daß es eher ein umgekehrtes Interpunktionsproblem veranschaulicht, nämlich in dem Sinne, daß der Konflikt nicht durch die widersprüchlichen *individuellen* Interpunktionen der beiden Partner verursacht wurde, sondern daß sie bereits eine widersprüchliche Auffassung von ihrer Beziehung hatten und daher, jeder für sich, verschieden interpunktierten. Dies stünde durchaus im Einklang mit Einsteins Bemerkung: »Die Theorie bestimmt, was wir beobachten können.« In menschlichen Beziehungen ist aber die Theorie (also die Interpunktion) selbst das Ergebnis von Interpunktion. Wenn man aus puristischen Gründen versucht, zu entscheiden, was zuerst kam – der Konflikt oder die Interpunktion –, ergeht es einem nicht besser als den Scholastikern, die sich darüber stritten, ob das Ei oder die Henne zuerst kam. Eben darin aber liegt der Fehler, den die Partner in einem Beziehungskonflikt meist begehen, nämlich zu übersehen, daß sie ihre zwischenpersönliche Wirklichkeit widersprüchlich geordnet haben und nun blind annehmen, daß es nur *eine* Wirklichkeit und daher auch nur eine richtige Wirklichkeitsauffassung (nämlich die eigene) gibt. Daraus folgt zwangsläufig, daß der Partner verrückt oder böswillig sein muß, wenn er die Dinge ganz anders sieht. Es besteht aber guter Grund zur Annahme, daß die Kausalität von Beziehungen zwischen Organismen (vom Menschen bis hinunter zum Einzeller) kreisförmig ist und daß genauso, wie jede Ursache eine Wirkung bedingt, jede Wirkung ihrerseits zu einer Ursache wird und damit auf ihre eigene Ursache zurückwirkt. Zwei in diesem Irrtum gefangene Beziehungspartner sind wie zwei Menschen, die unter Verwendung von zwei verschiedenen Sprachen vergeblich um Verständigung ringen, oder zwei Spieler, von denen der eine Tarock-, der andere Skatkarten in der Hand hält und deren gegenseitige Erbitterung über das unsinnige Spielverhalten des anderen rasch wächst. Oder um dasselbe Kommunikationsmuster durch ein oft zitiertes, praktisches Beispiel zu veranschaulichen:

Während der letzten Phasen des Zweiten Weltkriegs und in den unmittelbaren Nachkriegsjahren hielten sich Millionen amerikanischer Soldaten auf ihrem Weg zum europäischen Festland vorübergehend in Großbritannien auf. Dies bot die einmalige Gelegenheit, die Wirkungen einer solchen, für moderne Zeiten ungewöhnlichen Massendurchdringung zweier Kulturformen unmittelbar zu studieren. Einer der Aspekte dieser Studie war ein Vergleich des Paarungsverhaltens in den beiden Kulturen. Dabei ergab es sich, daß sowohl die amerikanischen Soldaten als auch die englischen Mädchen sich gegenseitig des Mangels an sexuellem Taktgefühl und Zurückhaltung bezichtigten. Dies schien zunächst sehr merkwürdig, denn wie konnten *beide* Seiten *dasselbe* von der anderen behaupten? Nähere Untersuchungen brachten ein typisches Interpunktionsproblem ans Licht: Das kulturspezifische Paarungsverhalten, vom ursprünglichen Kennenlernen bis zum Geschlechtsverkehr, durchläuft sowohl in England als auch in den USA ungefähr dieselben 30 Verhaltensstufen; die *Reihenfolge* dieser Verhaltensweisen ist aber in den beiden Kulturen verschieden. Während in den USA zum Beispiel Küssen relativ früh (etwa auf Stufe 5) kommt und recht harmlos ist, gilt es in England für sehr erotisch und nimmt daher einen viel späteren Platz im Verhaltensablauf (etwa Stufe 25) ein. Wenn also der Amerikaner annahm, es sei Zeit für einen unschuldigen Kuß, war dieser Kuß für die Engländerin durchaus kein unschuldiges, sondern ein sehr unverschämtes Benehmen, das für sie keineswegs in dieses Frühstadium der Beziehung paßte. Sie fühlte sich daher nicht nur in undeutlicher Weise (diese kulturell bedingten Verhaltensregeln sind natürlich fast völlig außerbewußt) um einen großen Teil des »richtigen« Paarungsverhaltens betrogen, sondern hatte sich zu entscheiden, ob sie die Beziehung an diesem Punkte abbrechen oder sich ihrem Freunde sexuell hingeben sollte. In diesem letzteren Falle war die Reihe nun am amerikanischen Soldaten, das Verhalten seiner Freundin auf Grund *seiner* außerbewußten Verhaltensregeln als nicht in das Frühstadium der Beziehung passend und daher schamlos zu finden. Wenn wir nun den typischen Fehler begehen, das Verhalten des Mädchens in künstlicher Isolierung zu beurteilen, so wird es uns nicht schwerfallen, eine Art psychiatrischer Diagnose zu stellen: Bricht sie die Beziehung nach dem ersten Kuß überstürzt ab und ergreift die Flucht, so könnte dies hysterisch genannt werden; beginnt sie dagegen, sich auszuziehen, so scheint dies nymphomanisch. Es kann kaum ausdrücklich genug betont werden, daß es sich hier und in allen ähnlichen Fällen um Konflikte handelt, die nicht auf einen der beiden Partner reduziert werden können und dürfen, sondern die ausschließlich im Wesen der *Beziehung* liegen. Es ist typisch für solche Probleme, daß die Partner sie meist nicht von sich aus lösen können, da ihnen die zwischenpersönliche Natur des Konflikts verborgen bleibt und sie daher in einem Zustand der Desinformation leben. Bereits Wittgenstein bemerkte: »Was wir nicht denken können, das können wir nicht denken; wir können also nicht sagen, was wir nicht denken können.« Und Laing definiert diese Form der Desinformation wie folgt: »Wenn ich nicht weiß, daß ich nicht weiß, glaube ich zu wissen. Wenn ich nicht weiß, daß ich weiß, glaube ich nicht zu wissen.«

Interpunktion spielt eine entscheidende Rolle auch in der sprachlichen Übermittlung von Sinn und Bedeutung und reicht daher weit in das Gebiet der Semantik hinein. Ohne unmißverständliche Hinweise darauf, wie eine bestimmte Folge von Worten interpunktiert werden muß, bleibt ihr Sinn unverständlich oder mehrdeutig. Cherry zum Beispiel stellt fest, daß die Frage »Glauben Sie, daß das genügt?« verschiedene Bedeutung haben kann, je nachdem, welches Wort betont wird. »Glauben *Sie,* daß das genügt?« hat einen anderen Sinn als »Glauben Sie, daß *das* genügt?«, obwohl es sich um dieselben fünf Worte in derselben Reihenfolge handelt. Ein anderes Beispiel ist der bekannte Kinderwitz: Zehn Finger hab ich an jeder Hand, fünfundzwanzig an Händen und Füßen (dessen korrekte Interpunktion natürlich ist: Zehn Finger hab ich, an jeder Hand fünf, und zwanzig an Händen und Füßen). Hier, wie auch anderswo in geschriebener Sprache, werden Satzzeichen zur Vermeidung von Ambiguität verwendet; Unterstreichungen, Kursivdruck, Anführungszeichen und dergleichen dienen demselben Zweck, doch sind diese Formen semantischer Interpunktion viel schwerfälliger und begrenzter als die reichhaltigen paralinguistischen Nuancen der gesprochenen Sprache (Tonfall, Lautstärke, Gesichtsausdruck, Pausen, Lachen, Seufzen, die sogenannten Lautgesten usw.).

Lange bevor die Kommunikationsforschung sich mit diesen Interpunktionsproblemen zu beschäftigen begann, waren sie bereits in der Literatur, besonders im Drama bekannt. Die tragische, schicksalhafte Unausweichlichkeit der durch sie erzeugten Konflikte, an denen keiner der Beteiligten Schuld hat, jeder aber jeden beschuldigt, die Zuschreibung von Verrücktheit oder Heimtücke, die Unvereinbarkeit widersprüchlicher Wirklichkeitsauffassungen und die damit verbundene Unmöglichkeit, zu entscheiden, welche Wirklichkeit »wirklich« ist, hat Dichter und Schriftsteller schon immer fasziniert. Ein modernes Beispiel ist Akutagawas Erzählung *Im Walde,* deren Verfilmung *Rashomon* durch Kurosawa dem Leser vielleicht bekannt ist. Sie handelt von der Vergewaltigung einer Frau und der Ermordung ihres Mannes durch einen Banditen, der ihnen im Walde auflauert und dessen Untat von einem Holzfäller beobachtet wird – jedoch nicht in Form einer »objektiven« Schilderung des Vorgangs, sondern viermal individuell durch die Augen jeder dieser Personen gesehen. In seinem meisterhaften Stil läßt Akutagawa auf diese Weise vier verschiedene Wirklichkeiten zutage treten und führt so den Leser selbst fast unmerklich zu dem Punkt, an dem er nicht mehr entscheiden kann, welche dieser vier Wirklichkeiten die wirkliche ist.

Die zerkratzten Windschutzscheiben und das Gerücht von Orléans – Desinformation

Gegen Ende der fünfziger Jahre brach in der Stadt Seattle eine merkwürdige Epidemie aus: Immer mehr Autobesitzer mußten feststellen, daß ihre Windschutzscheiben von kleinen pocken- oder kraterähnlichen Kratzern übersät waren. Das Phänomen nahm so rasch überhand, daß Präsident Eisenhower auf Wunsch Rosollinis, des Gouverneurs des Staates Washington, eine Gruppe von Sachverständigen des Bundeseichamtes zur Aufklärung des Rätsels nach Seattle entsandte. Laut Jackson, der den Verlauf der Untersuchung später zusammenfaßte, fand diese Kommission sehr bald, daß unter den Einwohnern der Stadt

> zwei Theorien über die Windschutzscheiben im Umlauf waren. Auf Grund der einen, der sogenannten »Fallout«-Theorie, hatten kürzlich abgehaltene russische Atomtests die Atmosphäre verseucht, und der dadurch erzeugte radioaktive Niederschlag hatte sich in Seattles feuchtem Klima in einen glasätzenden Tau verwandelt. Die »Asphalttheoretiker« dagegen waren überzeugt, daß die langen Strecken frischasphaltierter Autobahnen, die Gouverneur Rosollinis ehrgeiziges Straßenbauprogramm hervorgebracht hatte, wiederum unter dem Einfluß der sehr feuchten Atmosphäre Seattles, Säuretröpfchen gegen die bisher unversehrten Windschutzscheiben spritzten.

> Statt diese beiden Theorien zu untersuchen, konzentrierten sich die Männer des Eichamts auf einen viel greifbareren Sachverhalt und fanden, daß in ganz Seattle keinerlei Zunahme an zerkratzten Autoscheiben festzustellen war.

In Wahrheit war es vielmehr zu einem Massenphänomen gekommen: Als sich die Berichte über pockennarbige Windschutzscheiben häuften, untersuchten immer mehr Autofahrer ihre Wagen. Die meisten taten dies, indem sie sich von außen über die Scheiben beugten und sie auf kürzeste Entfernung prüften, statt wie bisher von innen und unter dem normalen Winkel durch die Scheiben *durch*zusehen. In diesem ungewöhnlichen Blickwinkel hoben sich die Kratzer klar ab, die normalerweise und auf jeden Fall bei einem im Gebrauch stehenden Wagen vorhanden sind. Was sich also in Seattle ergeben hatte, war keine Epidemie beschädigter, sondern *angestarrter* Windschutzscheiben. Diese einfache Erklärung aber war so ernüchternd, daß die ganze Episode den typischen Verlauf vieler aufsehenerregender Berichte nahm, die die Massenmedien zuerst als Sensation auftischen, deren unsensationelle Erklärung aber totgeschwiegen wird, was so zur Verewigung eines Zustands der Desinformation führt.

Der Fall lehrt uns, daß sich eine völlig alltägliche, unbedeutende Tatsache (so unbedeutend, daß ihr vorher niemand Aufmerksamkeit schenkte) mit affektgeladenen Themen verquicken kann und daß von diesem Augenblick an eine Entwicklung ihren Lauf nimmt, die keiner weiteren Beweise bedarf, sondern rein aus sich heraus, selbstbestätigend und selbstverstärkend, immer weitere Personenkreise in ihren Bann schlägt.

Im Mai 1969 durchlebte Frankreich eine Periode politischer Unsicherheit, deren Ursache de Gaulles Niederlage in einem politisch entscheidenden (nebenbei bemerkt, faktisch nebensächlichen) Referendum und sein Rückzug aus dem öffentlichen Leben nach Colombey-les-Deux-Eglises war. Für den 1. Juni waren Neuwahlen ausgeschrieben. In diesen Tagen politischer Spannung begann in Orléans ein aufsehenerregendes Gerücht zu zirkulieren, das seinen Ausgang in den Mädchengymnasien nahm, bald aber die ganze Stadt ergriff: Damenmodengeschäfte und Boutiquen in dieser modernen, wenn auch provinziellen Stadt von 100 000 Einwohnern waren in Mädchenhandel verwickelt. Kundinnen dieser Geschäfte wurden in den Ankleideräumen überwältigt und betäubt, in Kellern bis zum Einbruch der Nacht gefangengehalten, dann durch unterirdische Gänge ans Ufer der Loire gebracht und von dort auf einem Unterseeboot nach Übersee entführt und einem Schicksal »schlimmer als dem Tod« überantwortet. Bereits am 20. Mai kursierten zusätzliche, detaillierte Informationen. Demnach vermißte man bereits 28 junge Frauen; ein Schuhgeschäft verwendete zur Betäubung der Opfer in Schuhen versteckte Injektionsvorrichtungen, da die in den Modeboutiquen verwendeten Injektionsspritzen in einem Schuhladen begreiflicherweise nicht angewandt werden konnten, und so manches mehr.

Die Kaufleute selbst wußten anscheinend nichts von diesem Gerücht, bis sich am 31. Mai, dem Vortag der

Wahlen, feindselige Menschengruppen in den Geschäftsstraßen zusammenzurotten begannen. In den vorangegangenen Tagen hatten sie aber merkwürdige Anrufe erhalten – in einem Falle erkundigte sich jemand nach der Adresse eines Bordells in Tanger, in einem anderen bestellte der unbekannte Anrufer »frisches Fleisch«.

Als das Gerücht sich ausbreitete und immer spezifischer wurde, kamen zwei bemerkenswerte Einzelheiten ans Licht: Erstens verkauften die betreffenden Modeläden die neuen Miniröcke und standen damit für die provinzielle Mentalität im Zwielicht einer besonderen Erotik; zweitens nahm das Gerücht einen ausgesprochen antisemitischen Charakter an. Das uralte Thema des Ritualmords tauchte auf und begann die Runde zu machen. Am 30. Mai hatte die Besorgnis der jüdischen Gemeinde über die Entwicklung der Dinge einen Grad erreicht, der sie veranlaßte, die Behörden um Schutzvorkehrungen zu ersuchen. Der Polizei war die bedrohliche Entwicklung natürlich bereits bekannt, doch hatte sie sich bis zu diesem Zeitpunkt mit der Sachlage nur von einem rein faktischen, sicherheitspolizeilichen Standpunkt befaßt und keinerlei konkrete Anhaltspunkte gefunden. So stand zum Beispiel fest, daß nicht eine einzige Frau, geschweige denn 28 in Orléans vermißt wurden. In dieser Beschränkung auf die reinen Tatsachen übersahen die Behörden aber, daß das Problem im *Bestehen* des Gerüchts und nicht in seinem Wahrheitsgehalt lag. Es handelte sich hier vielmehr um eine jener typisch menschlichen Situationen, in denen »Wahrheit Glaubenssache ist«. Die Gefahr eines Pogroms war unleugbar.

Am nächsten Tage jedoch brachte das Wahlergebnis

eine erste Entspannung mit sich, und sehr bald gewann die Vernunft die Oberhand. Man ging dem Gerücht nach und fand es unbegründet. Die Lokalpresse, Privatpersonen und öffentliche Vereinigungen verurteilten diesen plötzlichen Ausbruch von Antisemitismus auf das schärfste, und das Gerücht erlosch fast noch rascher, als es aufgeflammt war. Es wäre vermutlich vollkommen in Vergessenheit geraten, wäre der Ablauf der Ereignisse nicht sorgfältig von einem Soziologenteam unter der Leitung Edgar Morins rekonstruiert worden, dessen Buch die hier erwähnten Einzelheiten entnommen sind.

Dieses Beispiel geht in seiner Bedeutung weit über die vorher erwähnten hinaus. In ihnen hatte die grundlegende Annahme wenigstens noch eine wenn auch recht fragwürdige Beziehung zu gewissen Tatsachen. Verkehrsampeln schalten nun einmal gelegentlich auf Rot um, wenn wir daherkommen, und Windschutzscheiben haben ganz sicherlich viele kleine Kratzer. Das Gerücht von Orléans aber beweist einmal mehr, daß zur Ausbildung einer bestimmten Wirklichkeitsauffassung nicht einmal derartig nebensächliche Tatsachen nötig sind – ein tiefsitzender Aberglaube kann seine eigenen »Wirklichkeitsbeweise« erschaffen, besonders wenn er von vielen Menschen geteilt wird. Und selbst wenn, wie im Falle von Orléans, ein Gerücht sich später als haltlos erweist, findet sich meist ein goldenes Wort oder eine landläufige Weisheit, die es den auf das Gerücht Hereingefallenen gestattet, ihr Gesicht zu wahren. »Wo Rauch ist, muß auch Feuer sein«, lautet bekanntlich eine solche Perle der Weisheit; aber »... ein frischer Mist tut's auch«, pflegte der Humorist Roda Roda hinzuzufügen.

Ein besonders krasses Beispiel dafür verdient es, wenigstens kurz erwähnt zu werden. Einer der Ladenhüter des Antisemitismus ist ein berüchtigtes Werk mit dem Titel *Die Protokolle der Weisen von Zion*. In diesem Buch entwirft der anonyme Verfasser in allen Einzelheiten den Plan für eine jüdische Weltherrschaft und läßt keine Zweifel darüber, daß dies das Endziel des internationalen Judentums sei. Aus Gründen, die für meine Ausführungen belanglos sind, unternahm die Londoner *Times* eine Untersuchung über die Herkunft des Buchs und veröffentlichte das Ergebnis in ihren Ausgaben vom 16., 17. und 18. August 1921. Es stellte sich heraus, daß die Quelle der *Protokolle* ein unter dem Titel *Dialogue aux Enfers entre Montesquieu et Machiavel* (Zwiegespräch in der Hölle zwischen Montesquieu und Machiavelli) veröffentlichtes Buch des französischen Advokaten Maurice Joly war. Wie Joly später in seiner Autobiographie erklärte, war der *Dialogue* ein Versuch, die despotische Herrschaft Napoleons III. in Form eines imaginären Gesprächs anzuprangern, in dem Montesquieu den Liberalismus vertritt, jedoch rasch vor der Brillanz Machiavellis zynischer Verteidigung des Despotismus kapitulieren muß. Mit Hilfe dieser Tarnung, das heißt, durch die Lobpreisung dessen, was er angreifen wollte, hoffte Joly, dem Leser sein wahres Anliegen klarzumachen. Diese Hoffnung erwies sich als nur zu gerechtfertigt, denn auch der französischen Geheimpolizei blieb das wahre Anliegen des Buchs keineswegs verborgen; sie erkannte seinen subversiven Inhalt, beschlagnahmte die nach Frankreich geschmuggelten Exemplare und verhaftete Joly, der zu 15 Monaten Gefängnis verurteilt wurde.

Bis zu diesem Punkt hatte die ganze Angelegenheit nichts mit den Juden zu tun. Das Buch hätte vielmehr als Quelle der Inspiration für einen jungen Hitler dienen können. Es vertritt die Ansicht, ein moderner Herrscher sollte lediglich den Schein der Legalität wahren, sich seine Entscheidungen von einer ihm blind ergebenen Volksversammlung legalisieren lassen, gegen jede innere Opposition mit der Geheimpolizei vorgehen und die eventuellen Gewissensbisse seiner Untertanen durch glänzende militärische Siege über äußere Feinde beschwichtigen, deren Ziel angeblich die Vernichtung des Vaterlandes ist.

Der nie identifizierte Verfasser der *Protokolle* machte sich all dies zu eigen und stellte es als das weltumfassende Programm einer mächtigen, geheimen Körperschaft, eben der Weisen von Zion, dar. Hierzu bemerkt der britische Historiker Cohn in seinem Buch über die *Protokolle:*

> Alles in allem beruhen 160 Stellen der Protokolle, das heißt, zwei Fünftel des gesamten Texts, offensichtlich auf Passagen in Jolys Buch; in neun Kapiteln ist mehr als die Hälfte gestohlen, in anderen drei Viertel, und in einem (Protokoll VII) fast der ganze Text. Mit weniger als einem Dutzend Ausnahmen ist außerdem die Reihenfolge der gestohlenen Textstellen dieselbe wie bei Joly, ganz als hätte der Plagiator Seite um Seite mechanisch vom *Dialogue* unmittelbar in seine »Protokolle« übertragen. Selbst die Reihenfolge der Kapitel ist weitgehend dieselbe – den 24 Kapiteln der *Protokolle* entsprechen die

25 Kapitel des *Dialogue.* Nur gegen Ende, nämlich dort, wo die Prophezeiung des messianischen Zeitalters in den Vordergrund tritt, erlaubte sich der Plagiator wirkliche Unabhängigkeit vom Original.

Seit ihrer Veröffentlichung haben die *Protokolle* nicht aufgehört, ein wichtiges Beweismittel des Antisemitismus zu sein. Aber viele der Versuche, ihren betrügerischen Ursprung ein für allemal bloßzulegen, führten anscheinend dazu, daß diejenigen, die an ihre Echtheit glaubten, in diesen Bemühungen nur einen weiteren Beweis für ihre Echtheit sahen – denn wären sie wirklich reine Erfindung, warum würden die Weisen von Zion dann solche Anstrengungen unternehmen, ihre Authentizität in Frage zu stellen? Wir haben es hier also mit einem geradezu klassischen Beispiel einer sich selbst bestätigenden Prämisse zu tun, das heißt einer Annahme, die sowohl durch Beweis wie durch Gegenbeweis bestärkt wird. Dies ist auch die Art und Weise, in der der Paranoide die Beziehungen zu seinen Mitmenschen interpunktiert: Er »weiß«, daß sie Böses gegen ihn vorhaben, und wenn sie daher versuchen, ihn von ihren freundlichen Absichten zu überzeugen, so »beweist« ihm das, daß sie Übles im Schilde führen – denn warum würden sie sonst so hartnäckig versuchen, ihn von ihrer Freundlichkeit zu überzeugen?

Auf seinem Höhepunkt führte das Gerücht von Orléans zu grundsätzlich demselben Zirkelschluß. Als zum Beispiel die Polizei bekanntgab, daß an der ganzen Affäre weder Hand noch Fuß war und nicht ein einziges Mädchen vermißt wurde, »bewies« dies, daß die Polizei selbst in die Entführungen mitverwickelt sein mußte. »Es wurde behauptet«, erklärte der Leiter der Kriminalerhebungsabteilung später einem Reporter der *Aurore,* »daß ich mir auf diese Weise zehn Millionen Francs verdient hätte. Je übertriebener und extravaganter eine Geschichte ist, desto eher scheinen die Leute sie zu glauben.«

Die beiden Schlußfolgerungen, die sich aus dem Bavelasexperiment ziehen lassen, haben also volle Gültigkeit auch für praktische Lebenssituationen. Erstens führt hier wie dort das Bekanntwerden von Tatsachen, die der mühevoll zusammengebastelten Erklärung widersprechen, nicht zu ihrer Korrektur, sondern zu weiterer Verfeinerung. Zweitens scheinen diese Pseudoerklärungen um so überzeugender, je abstruser und objektiv unwahrscheinlicher sie sind. Oder, wie man in Österreich zu fragen pflegt, warum einfach, wenn's kompliziert auch geht?

In einem Kontext von Desinformation nimmt diese primäre Prämisse, diese ein für allemal gefaßte (und oft rein zufällig zustande gekommene) Meinung eine zwingende und zentrale Bedeutung an, und, gleichgültig wie absurd sie ist, folgen alle weiteren Schlußfolgerungen oft mit streng logischer Konsequenz. Trotz dieser Einsicht aber ist die Idee, daß sich »Wirklichkeiten« sozusagen aus den Fingern saugen lassen, den meisten von uns nur schwer annehmbar. Wir neigen viel eher dazu, das Wirken einer Art »metaphysischen Versuchsleiters« hinter dem Lauf der Dinge zu vermuten oder – wenn uns psychologische Hypothesen mehr überzeugen als transzendentale – ein Gesetz der menschlichen Seele. Doch bereits Schopenhauer sagte im Hinblick auf die Teleologie, das heißt der Annahme einer der Natur innewohnenden Zweckmäßigkeit und Zielgerichtetheit, daß sie

> erst vom Verstande in die Natur gebracht wird, der demnach ein Wunder anstaunt, das er erst selbst geschaffen hat. Es geht ihm (wenn ich eine so hohe Sache durch ein triviales Gleichnis erläutern darf) so, wie wenn er darüber erstaunt, daß alle Multiplikationsprodukte der 9 durch Addition ihrer einzelnen Ziffern wieder 9 geben oder eine Zahl, deren Ziffern addiert 9 betragen; obschon er selbst im Dezimalsystem das Wunder sich vorbereitet hat.

Es ist also recht wahrscheinlich, daß die Wirklichkeit und die ihr zugrunde liegende Ordnung herzlich wenig mit Metaphysik oder Psychologie zu tun hat. Es mag vielmehr notwendig sein, unsere grandiosen Annahmen zurückzustecken und uns mit einer viel einfacheren Wirklichkeitsauffassung zu bescheiden, nämlich einer, die das Produkt zweier grundlegender Prinzipien ist: Zufall und Notwendigkeit. Mit dieser Auffassung wären wir in sehr respektabler, wenn auch nicht allgemein respektierter Gesellschaft. Die Interaktion von Zufall und Notwendigkeit wird heute von einer Reihe von Biologen als der Ausgangspunkt des Lebens betrachtet, vor allem von Nobelpreisträger Jacques Monod, dessen nachstehende Definition mutatis mutandis voll auf mein Thema anwendbar ist:

> Der Weg der Evolution wird den Lebewesen, diesen äußerst konservativen Systemen, durch elementare

Ereignisse mikroskopischer Art eröffnet, die zufällig und ohne jede Beziehung zu den Auswirkungen sind, die sie in der teleonomischen Funktionsweise auslösen können.

Ist der einzelne und als solcher unvorhersehbare Vorfall aber einmal in die DNS-Struktur eingetragen, dann wird er mechanisch getreu verdoppelt und übersetzt; er wird zugleich vervielfältigt und auf Millionen oder Milliarden Exemplare übertragen. Der Herrschaft des bloßen Zufalls entzogen, tritt er unter die Herrschaft der Notwendigkeit, der unerschütterlichen Gewißheit. [...]

So mancher ausgezeichnete Geist scheint auch heute noch nicht akzeptieren oder auch nur begreifen zu können, daß allein die Selektion aus störenden Geräuschen das ganze Konzert der belebten Natur hervorgebracht haben könnte. Die Selektion arbeitet nämlich *an* den Produkten des Zufalls, da sie sich aus keiner anderen Quelle speisen kann. Ihr Wirkungsfeld ist ein Bereich strenger Erfordernisse, aus dem jeder Zufall verbannt ist. Ihre meist aufsteigende Richtung, ihre sukzessiven Eroberungen und die geordnete Entfaltung, die sie widerzuspiegeln scheint, hat die Selektion jenen Erfordernissen und nicht dem Zufall abgewonnen.

»Sei spontan« – ein Paradox

Doch all die eben erwähnten Variationen zum Thema »Liebe und Knoblauch« sind im Grunde harmlose Geplänkel verglichen mit der Brisanz, die der so täuschend harmlosen Forderung nach spontanem Verhalten innewohnt. Von all den Knoten, Dilemmata und Fallen, die sich in die Struktur menschlicher Kommunikation einbauen lassen, ist die sogenannte »Sei spontan!«-Paradoxie sicherlich die weitestverbreitete. Und um eine wirkliche, stubenreine, allen formallogischen Anforderungen entsprechende Paradoxie handelt es sich hier.

In den kristallklaren Hallen des logischen Olymps sind Zwang und Spontaneität (also alles, was frei und von außen unbeeinflußt aus dem eigenen Inneren kommt) unvereinbar. Auf Befehl etwas spontan zu tun ist ebenso unmöglich, wie etwas vorsätzlich zu vergessen oder absichtlich tiefer zu schlafen. Entweder man handelt spontan, also aus freiem Ermessen; oder man befolgt eine Anweisung und handelt daher nicht spontan. Vom rein logischen Standpunkt kann man nicht das eine wie das andere gleichzeitig tun.

Was aber kümmert uns die Logik? Genauso, wie ich »Sei spontan!« hinschreiben kann, kann ich es auch sagen – Logik hin, Logik her; Papier und Schallwellen sind geduldig. Der Empfänger der Mitteilung vermutlich weniger. Denn was kann er jetzt tun?

Wenn Sie John Fowles' Roman *Der Sammler* kennen, wissen Sie ohnehin schon, worauf ich hinauswill. Der Sammler ist ein junger Mann, der sich zunächst auf

Schmetterlinge beschränkt, deren Schönheit, auf Stecknadeln aufgespießt, er in aller Ruhe immer wieder bewundern kann. Wegfliegen können sie ja nicht. Sein Malheur beginnt erst, als er sich in die schöne Studentin Miranda verliebt und dieselbe Technik – ganz im Sinne des Rezepts »mehr desselben« – auf sie anwendet. Da er selbst nicht besonders hübsch ist und auch sonst nicht besonders viel von sich selbst hält, nimmt er an, daß Miranda sich wahrscheinlich nicht spontan für ihn entscheiden wird. Also entführt er sie, und statt Stecknadeln verwendet er ein einsames Landhaus, in dem er sie gefangenhält. Im Rahmen dieses nackten Zwanges hofft und erwartet er nun, daß sie sich im Laufe ihrer (immer unerträglicheren) Gefangenschaft doch in ihn verlieben werde. Erst langsam enthüllt sich ihm die unerbittliche und ausweglose Tragik seiner »Sei spontan!«-Paradoxie, durch die er genau das unmöglich gemacht hat, was er erreichen wollte.

An den Haaren herbeigezogen? Zu »literarisch«? Bitte, hier ist eine viel alltäglichere Situation, deren Herstellung keinerlei besondere Abwegigkeit erfordert:

Es ist das abgedroschene Paradebeispiel der Mutter, die von ihrem Söhnchen verlangt, daß er seine Hausaufgaben mache – aber nicht bloß überhaupt, sondern *gerne*. Wie der Leser sieht, handelt es sich hier um die Umkehrung der schon erwähnten Definition des Puritanismus. Dort hieß es: Es ist deine Pflicht, keinen Spaß zu haben; hier dagegen: Deine Pflicht muß dir Spaß machen.

Also: Was kann man da tun? – fragte ich bereits, rein rhetorisch, denn es gibt keinen Ausweg. Was tut die Frau, deren Mann von ihr nicht nur fordert, sich ihm sexuell jederzeit hinzugeben, sondern es jedesmal auch voll zu genießen? Was tut man, wenn man in der Haut des eben erwähnten Jungen steckt, der seine Aufgaben *gerne* machen sollte? Man nimmt an, daß es entweder mit einem selbst oder mit der Welt nicht stimmt. Da man in der Auseinandersetzung mit »der Welt« aber meist den kürzeren zieht, ist man praktisch gezwungen, die Schuld in sich selbst zu suchen. Das klingt noch nicht sehr überzeugend, nicht wahr? Keine Angst, Ihr Zweifel läßt sich mit Leichtigkeit zerstreuen.

Stellen Sie sich einfach vor, Sie werden in eine Familie hineingeboren, in der – aus welchen Gründen auch immer – Fröhlichkeit Pflicht ist. Genauer ausgedrückt, eine Familie, in der die Eltern dem Grundsatz huldigen, daß ein sonniges Gemüt des Kindes der offensichtlichste Beweis elterlichen Erfolges ist. Und nun seien Sie einmal schlechter Laune, oder übermüdet, oder haben Sie Angst vor dem Turnunterricht, dem Zahnarzt oder der Dunkelheit, oder keine Lust, Pfadfinder zu werden. So wie Ihre lieben Eltern das sehen, handelt es sich nicht einfach um eine vorübergehende Laune, Müdigkeit, die typische Angst eines Kindes oder dergleichen, sondern um eine wortlose, aber um so lautere Anklage der erzieherischen Unfähigkeit der Eltern. Und dagegen werden sie sich verteidigen, indem sie Ihnen aufzählen, was und wieviel sie für Sie getan haben, welche Opfer sie zu bringen hatten und wie wenig Grund und Recht Sie daher haben, nicht fröhlich zu sein.

Nicht wenige Eltern bringen es dann zu meisterhaften Weiterentwicklungen, indem sie dem Kinde zum Beispiel sagen: »Geh auf dein Zimmer, und komm mir nicht heraus, bis du wieder guter Laune bist.« Damit ist in überaus eleganter, da indirekter Weise klar ausgedrückt, daß das Kind es mit etwas gutem Willen und einer kleinen Anstrengung fertigbringen könnte, seine Gefühle von schlecht auf gut umzuprogrammieren und durch die Innervation der richtigen Gesichtsmuskeln jenes Lächeln zu erzeugen, das ihm die Aufenthaltsbewilligung als »guter« Mensch unter »guten« Menschen wiederverleiht.

Diese einfache Taktik, durch die (ähnlich wie Knoblauch und Liebe) Traurigkeit und moralische Minderwertigkeit – vor allem Undankbarkeit – untrennbar miteinander verpanscht werden, ist von großer Bedeutung für unser Thema. Sie ist hervorragend geeignet, im anderen tiefe Schuldgefühle zu erzeugen, die dann ihrerseits zusätzlich zu Gefühlen erklärt werden können, die er nicht haben würde, wenn er ein besserer Mensch wäre. Und sollte er die Unverschämtheit besitzen, zu fragen, wie man denn seiner Gefühle in der geforderten Weise Herr werden könne, so empfiehlt sich der schon erwähnte Hinweis, daß ein guter Mensch das von sich aus weiß und nicht erst fragen muß. (Bitte dabei Augenbrauen hochziehen und traurig dreinschauen.)

Wer diese Ausbildung erfolgreich bestanden hat, kann dann dazu übergehen, Depression in Eigenregie zu erzeugen. Dagegen ist es verlorene Liebesmühe, bei in dieser Hinsicht untrainierten Menschen Schuldgefühle erwekken zu wollen. Das sind nämlich jene Dickhäuter, die Gefühlsverstimmungen zwar genauso kennen wie die Traurigkeitsexperten, die aber schon immer der Ansicht sind, daß gelegentliche Traurigkeit ein unvermeidbarer Teil des Alltagslebens ist; daß sie kommt und geht, wer weiß, wieso; und daß sie, wenn nicht heute abend, dann halt morgen früh wieder vergangen sein wird. Nein, was die Depression von dieser Art der Traurigkeit unterscheidet, ist die Fähigkeit, das in der Kindheit Anerzogene später selbständig anzuwenden, indem man sich vorhält, weder Grund noch Recht zur Traurigkeit zu haben. Das garantierte Ergebnis ist die Vertiefung und Verlängerung der Depression. Und derselbe Erfolg winkt außerdem auch jenen Mitmenschen, die der Stimme des gesunden Menschenverstandes und den Eingebungen ihres Herzens folgend dem Betreffenden gut zureden, ihn aufmuntern und ein bißchen zum Sichzusammenreißen ermutigen. Damit nämlich hat das Opfer nicht nur seinen eigenen, entscheidenden Anteil zur Depression geleistet, sondern kann sich doppelt schuldig fühlen, weil es nicht an der rosig-optimistischen Weltschau der anderen teilnehmen kann und damit deren gute Absichten so bitter enttäuscht. Schon Hamlet war sich des peinvollen Unterschiedes zwischen dem Weltbild des Melancholikers und jenem seiner Umwelt voll bewußt und verstand es zusätzlich glänzend, dies für seine Zwecke auszunützen:

> »... Ich verlor seit kurzem all meine Heiterkeit, – warum, weiß ich nicht – gab alle gewohnten Übungen auf und, wahrhaftig, es steht so schlimm um meine Stimmung, daß dieser stattliche Bau, die Erde, mir vorkommt, als wär's ein wüstes Felsenriff. Dieser herrliche Baldachin, die Luft, seht Ihr, diese stolze Wölbung, dies majestätische Dach, ausgelegt mit goldenen Lichtern – ach, mir erscheint's als der trübe Dunsthauch verpesteten Auswurfs. Was für ein Mei-

> sterwerk ist der Mensch! wie edel an Vernunft, wie unbegrenzt in seinen Fähigkeiten; in Gestalt und Bewegung, wie bedeutsam und wunderbar; im Handeln wie ein Engel, im Verstehen wie ein Gott; die Zierde der Welt, das Ziel der Schöpfung! Und doch, was gilt sie mir, diese Quintessenz von Staub? Ich habe keine Freude an den Menschen – …«

Ob man die »Sei glücklich!«-Paradoxie sich selbst vorschreibt oder von anderen auferlegt bekommt, spielt keine besondere Rolle. Und ferner ist zu bemerken, daß sie nur eine der vielen möglichen Variationen des Grundthemas »Sei spontan!« ist. Wie wir schon sahen, eignet sich praktisch jedes Spontanverhalten als Rohstoff für diese paradoxen Arabesken: die Forderung nach spontanem Erinnern oder Vergessen; der Wunsch nach einem Geschenk und die Enttäuschung, wenn man es »nur« deswegen erhält, weil man diesen Wunsch äußerte; der Versuch, eine Erektion oder einen Orgasmus durch Willensanstrengung herbeizuführen, und der genau das unmöglich macht, worauf er abzielt; einzuschlafen, weil man unbedingt einschlafen will; oder die Unmöglichkeit, zu lieben, wo Liebe als Pflichtübung gefordert wird.

Was ich denke, daß er denkt, daß ich denke … – Interdependenz

Das zweitwichtigste Merkmal jedes Gefangenendilemmas ist, wie erwähnt, die physische Unmöglichkeit, über die bestmögliche gemeinsame Entscheidung zu kommunizieren. Andererseits aber muß eine gemeinsame Entscheidung getroffen werden – was also ist zu tun? Die Antwort ist nicht einfach, und wie so oft bei der Lösung schwieriger Probleme ist es besser, die Frage umzudrehen: Was darf *nicht* getan werden?

Offensichtlich darf mein Beitrag zu einer interdependenten Entscheidung nicht darauf beruhen, was ich aus rein persönlichen Gründen vorziehe und daher für die beste Lösung halte. Ich muß meine Entscheidung vielmehr auf der Basis meiner bestmöglichen Annahme darüber treffen, was der andere für die beste Lösung hält. Und wie im Falle der beiden Gefangenen wird auch seine Entscheidung weitgehend davon bestimmt sein, was *er* glaubt, daß *ich* für die beste Entscheidung halte. Alle interdependenten Entscheidungen, in denen offene und freie Kommunikation aus irgendwelchen Gründen unmöglich ist, beruhen auf diesem theoretisch unendlichen Regreß dessen, was ich denke, daß er denkt, daß ich denke, ... usw. Schelling, der dieses interessante Interaktionsmuster sehr eingehend behandelt hat, gibt folgendes Beispiel:

> Wenn ein Mann seine Frau in einem Kaufhaus aus den Augen verliert und die beiden keine vorgängige Vereinbarung darüber haben, wo sie in diesem Fall aufeinander warten werden, sind ihre Chancen, sich wiederzufinden, trotzdem gut. Aller Wahrscheinlichkeit nach werden beide an einen Treffpunkt denken, der so augenfällig ist, daß beide sicher sind, daß der andere sicher ist, daß dieser Treffpunkt für *beide* augenfällig ist. Man stellt sich nicht einfach vor, wohin der andere gehen wird, denn der andere wird

dorthin gehen, wovon er sich vorstellt, daß man selbst hingehen wird, und so ad infinitum. Also nicht »Was würde ich an ihrer Stelle tun?«, sondern »Was würde ich tun, wenn ich an ihrer Stelle wäre und mich fragen würde, was sie tun würde, wenn sie an meiner Stelle wäre und sich fragen würde, was ich an ihrer Stelle tun würde ...?«

Dieses Beispiel zeigt bereits, daß eine interdependente Entscheidung (in Abwesenheit direkter Kommunikation) nur dann Aussicht auf Erfolg hat, wenn sie auf der Basis einer von beiden Partnern geteilten Wirklichkeitsauffassung beruht; einer gemeinsamen Annahme über die Situation oder auf etwas, das durch seine Augenfälligkeit, seine physische oder bedeutungsmäßige Prominenz oder irgendeine andere, ausschließliche Eigenschaft alle anderen möglichen Anhaltspunkte der betreffenden Situation übertrifft. Schelling erwähnt die Möglichkeit, daß die beiden rein aus Spaß zum Fundbüro gehen könnten; doch werden sie sich dort schwerlich wiederfinden, wenn nicht beide denselben Sinn für Humor haben. Ein anderes Beispiel wäre folgendes: Zwei mit einer wichtigen Aufgabe betraute Geheimagenten müssen sich treffen, wissen aber aus irgendwelchen Gründen nur den Platz, nicht aber die Zeit ihres Treffens. Angenommen, daß es für sie viel zu auffällig wäre, sich während der nächsten vierundzwanzig Stunden dauernd an jenem Ort aufzuhalten, wie können sie sich trotzdem treffen? Beide werden sich fragen müssen: »Was ist seines Erachtens meines Erachtens seines Erachtens (... usw.) der logischste Zeitpunkt, ihn zu treffen?« In diesem Fall ist die Antwort verhältnismäßig einfach. Im Laufe von vierundzwanzig Stunden gibt es nur zwei Zeitpunkte, die sich auffällig von allen anderen abheben: 12 Uhr mittags und 12 Uhr nachts. Es wäre vollkommen sinn- und zwecklos, anzunehmen, der andere würde zu irgendeiner anderen Stunde daherkommen, die einem selbst aus irgendwelchen persönlichen Gründen plausibel erscheint – es sei denn, der andere wüßte von dieser persönlichen Präferenz und zöge sie daher in Betracht. Wenn wir außerdem annehmen, daß auch der Treffpunkt nicht vorausbestimmt und beiden bekannt ist, erschwert sich das Treffen der Agenten sehr, ist aber dennoch nicht unmöglich. Selbst in einer Großstadt, besonders aber in einer kleinen oder auf offenem Lande gibt es immer gewisse Punkte, die sich auf Grund ihrer Wichtigkeit, Offensichtlichkeit, Größe oder sonstigen Prominenz als buchstäblich hervorstechendster Treffpunkt anbieten: der Hauptbahnhof, eine wichtige Brücke, das höchste Gebäude, der Hauptplatz wären solche Treffpunkte. Auch hier dürfen die Agenten nicht der naiven Versuchung anheimfallen, an einem Platz zu warten, der ihnen aus *persönlichen,* idiosynkratischen Gründen als der beste vorkommt. Wenn solche persönlichen Gründe und Präferenzen dem Partner nicht bekannt sind, sind sie nicht nur unmaßgeblich, sondern verunmöglichen das Treffen.

Dieses für eine erfolgreiche interdependente Entscheidung ausschlaggebende Element der Prominenz ist oft nicht leicht zu identifizieren, wie das folgende, von Schelling erwähnte Experiment beweist: Einer Gruppe von Versuchspersonen wird die Aufgabe gestellt, sich ohne Absprache, also individuell, für eine der sechs Zahlen

7, 100, 13, 99, 261, 555

zu entscheiden. Wählen alle dieselbe Zahl, so gewinnen sie alle eine größere Geldsumme.

Welche dieser Zahlen zeichnet sich gegenüber den anderen fünf genügend aus und ist daher die logische Wahl für die notwendige einstimmige Entscheidung? Es sollte allen Teilnehmern von vornherein klar sein (ist es aber meist nicht), daß irgendeine persönliche Bedeutung dieser Zahlen unmöglich die Grundlage der gemeinsamen Entscheidung sein kann. Für manche Menschen haben 7 und 13 abergläubische Bedeutung (doch besteht nicht einmal Einstimmigkeit darüber, ob diese Bedeutung positiv oder negativ ist). Die Zahl 100 scheint sich den Intellektuelleren als das Quadrat von 10 anzubieten, andere Versuchspersonen dagegen finden 555 symmetrischer und daher »angenehmer« als 100 – und dies sind nur einige der vielen möglichen Pseudogründe für die Wahl einer bestimmten Zahl. Welche also ist die »wirklich« prominente? Viele Leser werden es wahrscheinlich bestreiten, aber von den sechs erwähnten Zahlen ist nur eine unleugbar prominent – allerdings *negativ* prominent – nämlich 261. Diese Zahl ist die einzige, an die sich kein Aberglauben, keine landläufige Symbolbedeutung oder Rationalisierung knüpft; sie ist die einzige »bedeutungslose« der sechs Zahlen, und eben dieses Fehlen von Bedeutung verleiht ihr ihre Prominenz. Wenn der Leser dieser Erklärung zustimmen kann, wird er zugeben, daß interdependente Entscheidungen sehr schwierig sein können und scharfes Denken über Denken voraussetzen.

Die Geschichte mit dem Hammer

Ein Mann will ein Bild aufhängen. Den Nagel hat er, nicht aber den Hammer. Der Nachbar hat einen. Also beschließt unser Mann, hinüberzugehen und ihn auszuborgen. Doch da kommt ihm ein Zweifel: Was, wenn der Nachbar mir den Hammer nicht leihen will? Gestern schon grüßte er mich nur so flüchtig. Vielleicht war er in Eile. Aber vielleicht war die Eile nur vorgeschützt, und er hat etwas gegen mich. Und was? Ich habe ihm nichts angetan; der bildet sich da etwas ein. Wenn jemand von mir ein Werkzeug borgen wollte, *ich* gäbe es ihm sofort. Und warum er nicht? Wie kann man einem Mitmenschen einen so einfachen Gefallen abschlagen? Leute wie dieser Kerl vergiften einem das Leben. Und dann bildet er sich noch ein, ich sei auf ihn angewiesen. Bloß weil er einen Hammer hat. Jetzt reicht's mir wirklich. – Und so stürmt er hinüber, läutet, der Nachbar öffnet, doch noch bevor er »Guten Tag« sagen kann, schreit ihn unser Mann an: »Behalten Sie sich Ihren Hammer, Sie Rüpel!«

Die Wirkung ist großartig, die Technik verhältnismäßig einfach, wenn auch keineswegs neu. Schon Ovid beschrieb sie in seiner *Liebeskunst* – wenn auch leider nur im positiven Sinne: »Rede dir ein, du liebst, wo du flüchtig begehrest. Glaub es dann selbst ... Aufrichtig liebt, wem's gelang, sich selbst in Feuer zu sprechen.«

Wer dem Ovidschen Rezept folgen kann, sollte keine Schwierigkeit haben, diesen Mechanismus im Sinne unseres Leitfadens anzuwenden. Wenige Maßnahmen eignen sich besser zur Erzeugung von Unglücklichkeit als die Konfrontierung des ahnungslosen Partners mit dem letzten Glied einer langen, komplizierten Kette von Phantasien, in denen er eine entscheidende, negative Rolle spielt. Seine Verwirrung, Bestürzung, sein angebliches Nichtverstehen, seine Ungehaltenheit, sein Sich-herausreden-Wollen aus seiner Schuld sind für Sie die endgültigen Beweise, daß Sie natürlich recht haben, daß Sie Ihre Gunst einem Unwürdigen schenkten und daß Ihre Güte eben wieder einmal mißbraucht wurde.

Auch der virtuosesten Anwendung jeder Technik sind natürlich Grenzen gesetzt, und die Moral von der Geschichte mit dem Hammer ist keine Ausnahme. Der Soziologe Howard Higman von der Colorado-Universität spricht in diesem Zusammenhang von der »unspezifischen Besonderheit« *(non-specific particular)* und deren Rückanwendung auf den Partner. Laut ihm neigen Ehefrauen zum Beispiel dazu, aus einem Nebenzimmer »Was ist das?« zu rufen. Sie erwarten, daß der Mann aufsteht und hinübergeht, um herauszufinden, was sie meint, und in dieser Erwartung werden sie selten enttäuscht. Einem ihm befreundeten Ehemann gelang es aber, dieser archetypischen Situation einen neuen Dreh zu verleihen, indem er den Spieß umkehrte. Er saß in seinem Studierzimmer, als seine Frau quer durch das Haus rief: »Ist es angekommen?« Obwohl der Mann keine Ahnung hatte, was »es« war, antwortete er: »Ja.« Darauf wollte sie wissen: »Und wo hast du es hingetan?«, und er rief zurück: »Zu den andern.« Zum erstenmal in seiner Ehe konnte er darauf stundenlang ungestört arbeiten.

Doch zurück zu Ovid beziehungsweise seinen Nachfolgern. Hier kommt einem vor allem der berühmte französische Apotheker Émile Coué (1857–1926) in den Sinn. Er ist der Gründer einer Schule der (leider eben wieder ins Positive verkehrten) Selbstbeeinflussung, die darin besteht, daß man sich einredet, es gehe einem besser und immer besser. Mit etwas Talent läßt sich Coué aber umdrehen, und seine Technik kann dann in den Dienst der Unglücklichkeit gestellt werden.

Und damit können wir uns endlich der Praxis des bisher Erklärten zuwenden. Wir haben begriffen, daß die für unsere Zwecke unerläßliche Herbeiführung jenes Zustands, in dem die rechte Hand nicht weiß, was die linke tut, erlernt werden kann. Hierzu bietet sich eine Reihe von Übungen an:

Übung Nr. 1: Setzen Sie sich in einen bequemen Sessel, möglichst mit Armstützen, schließen Sie die Augen, und stellen Sie sich vor, in eine reife, saftige Zitrone zu beißen. Mit etwas Übung wird Ihnen die imaginäre Zitrone bald das wirkliche Wasser im Munde zusammenlaufen lassen.

Übung Nr. 2: Bleiben Sie im Sessel sitzen, weiterhin mit geschlossenen Augen, und verschieben Sie Ihre Aufmerksamkeit von der Zitrone auf Ihre Schuhe. Es dürfte nicht lange dauern, und Sie werden bemerken, wie unbequem es eigentlich ist, Schuhe zu tragen. Gleichgültig, wie gut sie bisher zu passen schienen, Sie werden nun Druckpunkte bemerken und sich plötzlich auch anderer Unannehmlichkeiten bewußt werden, wie Brennen, Reiben, Krümmen der Zehen, Hitze oder Kälte und dergleichen. Üben Sie, bis das bisher selbstverständliche und bedeutungslose Tragen von Schuhen ausgesprochen unangenehm wird. Kaufen Sie sich dann neue Schuhe, und bemerken Sie, wie sie im Laden einwandfrei zu passen schienen, nach kurzem Tragen aber dieselben Beschwerden erzeugen wie die alten.

Übung Nr. 3: Im Sessel sitzend, blicken Sie bitte durchs Fenster in den Himmel. Mit etwas Geschick werden Sie in Ihrem Blickfeld bald zahlreiche winzige, bläschenartige Kreise wahrnehmen, die bei Stillhalten der Augen langsam nach unten sinken, beim Zwinkern aber wieder hinaufschnellen. Bemerken Sie ferner, daß diese Kreise immer zahlreicher und größer zu werden scheinen, je mehr Sie sich auf sie konzentrieren. Erwägen Sie die Möglichkeit, daß es sich um eine gefährliche Erkrankung handelt, denn wenn die Kreise einmal Ihr ganzes Gesichtsfeld ausfüllen, werden Sie äußerst sehbehindert sein. Gehen Sie zum Augenarzt. Er wird Ihnen zu erklären versuchen, daß es sich um die ganz harmlosen *mouches volantes* handelt. Nehmen Sie dann entweder an, daß er Masern hatte, als diese Krankheit in der Universitäts-Augenklinik den Medizinstudenten seines Jahrgangs erklärt wurde, oder daß er Sie aus reiner Nächstenliebe nicht vom unheilbaren Verlauf Ihrer Krankheit informieren will.

Übung Nr. 4: Sollte die Sache mit den *mouches volantes* nicht recht klappen, so brauchen Sie die Flinte noch lange nicht ins Korn zu werfen. Unsere Ohren bieten eine gleichwertige Ausweichlösung. Gehen Sie in einen möglichst stillen Raum, und stellen Sie fest, daß Sie plötzlich ein Summen, Surren, leichtes Pfeifen oder einen ähnlichen gleichbleibenden Ton in Ihren Ohren feststellen können. Unter normalen Alltagsbedingungen ist der Ton zwar durch die Umweltgeräusche überdeckt; mit entsprechender Hingabe dürften Sie es aber fertigbringen, den Ton immer häufiger und lauter wahrzunehmen. Gehen Sie schließlich zum Arzt. Von hier ab gilt Übung Nr. 3, mit der Ausnahme, daß der Arzt die Sache als normalen Tinnitus verharmlosen wollen wird.

(Besondere Anweisung für Medizinstudenten: Übungen 3 und 4 entfallen für Sie. Sie sind ohnedies genügend damit beschäftigt, in sich die fünftausend Symptome zu entdecken, auf denen sich die Diagnostik der Inneren Medizin allein aufbaut – von den anderen ärztlichen Spezialgebieten ganz zu schweigen.)

Übung Nr. 5: Sie sind nun hinlänglich ausgebildet und offensichtlich auch talentiert, um Ihre Fähigkeiten vom eigenen Körper auf die Umwelt zu übertragen. Beginnen wir mit den Verkehrsampeln. Sie dürften bereits bemerkt haben, daß sie die Neigung haben, so lange grün zu sein, bis Sie daherkommen, und dann genau zu jenem Zeitpunkt von gelb auf rot zu wechseln, an dem Sie es nicht mehr riskieren können, doch noch über die Kreuzung zu fahren. Widerstehen Sie den Einflüsterungen Ihrer Vernunft, wonach Sie mindestens ebensooft auf grüne wie auf rote Ampeln stoßen, und der Erfolg ist verbürgt. Ohne zu wissen, wie Sie es eigentlich fertigbringen, werden Sie jede rote Ampel zum bereits erlittenen Ungemach addieren, jede grüne dagegen ignorieren. Sehr bald werden Sie sich des Eindrucks nicht erwehren können, daß hier höhere, Ihnen feindlich gesinnte Mächte ihr Unwesen treiben, deren Einfluß sich außerdem keineswegs auf Ihren Wohnort beschränkt, sondern Ihnen mühelos nach Oslo oder Los Angeles folgt. – Sollten Sie nicht Auto fahren, so können Sie ersatzweise entdecken, daß die

Schlange, in der Sie vor dem Post- oder Bankschalter stehen, immer die langsamste ist oder daß Ihr Flugzeug immer an dem von der Schalterhalle am weitesten entfernten Ausgang wartet.

Übung Nr. 6: Sie wissen nun um das Walten dunkler Mächte. Dieses Wissen ermöglicht Ihnen jetzt weitere wichtige Entdeckungen, denn Ihr Blick ist nun geschärft für erstaunliche Zusammenhänge, die der dumpfen, ungeschulten Alltagsintelligenz entgehen. Untersuchen Sie Ihre Haustüre sorgfältig, bis Sie einen Kratzer finden, den Sie bisher noch nie gesehen haben. Fragen Sie sich nach seiner Bedeutung: Ist es ein Gaunerzinken, das Resultat eines versuchten Einbruchs, eine absichtliche Beschädigung Ihres Eigentums, ein besonderes Zeichen, um Sie irgendwie zu identifizieren? Widerstehen Sie auch hier der Versuchung, die Sache zu bagatellisieren; begehen Sie aber andererseits auch nicht den Fehler, ihr praktisch auf den Grund zu gehen. Behandeln Sie das Problem rein gedanklich, denn jede Wirklichkeitsprüfung Ihrer Annahme wäre dem Erfolg dieser Übung nur abträglich.

Wenn Sie durch diese Übung Ihren eigenen Stil entwikkelt und Ihren Blick für ungewöhnliche, mysteriöse Zusammenhänge geschärft haben, werden Sie bald bemerken, bis zu welchem Grade unser Alltag von solchen schicksalsträchtigen Verflechtungen durchzogen ist. Nehmen wir an, Sie warten auf den Autobus, der schon längst da sein sollte. Sie vertreiben sich die Zeit, indem Sie die Zeitung lesen, aber immer wieder den Blick die Straße hinunterwerfen. Plötzlich sagt Ihnen Ihr sechster Sinn: »Jetzt kommt er!« Sie drehen sich rasch hin, und tatsächlich, in der Ferne, noch mehrere Häuserblocks entfernt, ist der Autobus aufgetaucht. Erstaunlich, nicht wahr? Und doch ist das nur ein kleines Beispiel aus der Vielfalt der Hellsichtigkeiten, die sich langsam in Ihnen ausbilden und dort am wichtigsten sind, wo sich alles mögliche für Sie Nachteilige abzeichnet.

Übung Nr. 7: Sobald Sie hinlänglich überzeugt sind, daß etwas Verdächtiges vorgeht, besprechen Sie es mit Freunden und Bekannten. Es gibt keine bessere Methode, um die wahren Freunde von den Wölfen im Schafspelz zu trennen, die in undurchsichtiger Weise da mit im Spiele sind. Jene werden sich nämlich trotz – oder gerade wegen – ihrer Geriebenheit dadurch verraten, daß Sie Ihnen einreden wollen, Ihre Annahme habe weder Hand noch Fuß. Für Sie wird das keine Überraschung sein, denn es versteht sich von selbst, daß, wer Ihnen schaden will, das nicht offen zugibt. Er wird Sie vielmehr scheinheilig von Ihrem angeblich unbegründeten Verdacht abbringen und von seinen guten, freundlichen Absichten zu überzeugen versuchen. Und damit wissen Sie nicht nur, wer mit im Komplott drinsteckt, sondern auch, daß an der ganzen Sache wirklich etwas sein *muß*, denn warum würden jene »Freunde« sich sonst so anstrengen, Sie vom Gegenteil zu überzeugen?

Wer sich diesen Übungen gewidmet hat, kommt zur Einsicht, daß nicht nur Margaret Meads Russe, der Mann mit dem Hammer oder Naturgenies wie die erwähnten Herren Keesee und Maryn, sondern auch der Durchschnittsbürger es fertigbringen kann, durch dieses besondere geistige Training zum Punkte zu gelangen, wo er eine schwierige Situation selbst erschafft und doch keine Ahnung hat, sie erschaffen zu haben. Hilflos dem Spiel unbeeinflußbarer Vorgänge ausgeliefert, kann er völlig glaubwürdig nach Herzenslust an ihnen leiden.

Von Liebe, Glück und anderen menschlichen Themen

Wer mich liebt, mit dem stimmt etwas nicht

Und da wir gerade bei der Liebe sind, gleich noch ein wichtiger Hinweis. Schon Dostojewski machte darauf aufmerksam, daß das Bibelwort »Liebe deinen Nächsten wie dich selbst« wahrscheinlich andersrum zu verstehen ist – nämlich in dem Sinne, daß man den Nächsten nur dann lieben kann, wenn man sich *selbst* liebt.

Weniger elegant, dafür um so prägnanter, drückte Marx (Groucho, nicht Karl) dieselbe Idee Jahrzehnte später aus: »Es würde mir nicht im Traum einfallen, einem Klub beizutreten, der bereit wäre, jemanden wie mich als Mitglied aufzunehmen.« Wenn Sie sich die Mühe machen, die Tiefe dieses Witzes zu ergründen, sind Sie bereits gut auf das nun Folgende vorbereitet.

Geliebt zu werden ist auf jeden Fall mysteriös. Nachzufragen, um Klarheit zu schaffen, empfiehlt sich nicht. Bestenfalls kann es der andere Ihnen überhaupt nicht sagen; schlimmstenfalls stellt sich sein Grund als etwas heraus, was Sie selbst bisher nicht für Ihre charmanteste Eigenschaft hielten; zum Beispiel das Muttermal auf Ihrer linken Schulter. Schweigen ist da wieder einmal ganz eindeutig Gold.

Was wir daraus für unser Thema lernen können, zeichnet sich nun schon klarer ab. Nehmen Sie nicht einfach dankbar hin, was Ihnen das Leben durch Ihren (offensichtlich selbst liebenswerten) Partner bietet. Grübeln Sie. Fragen Sie sich, aber nicht ihn, warum. Denn er muß ja irgendeinen Hintergedanken haben. Und den enthüllt er Ihnen bestimmt nicht.

Menschliche Liebe ist nämlich eine Paradoxie, mit der sich schon wesentlich größere Geister als ich vergeblich herumgeschlagen haben und auf der einige der berühmtesten Schöpfungen der Weltliteratur beruhen. Nehmen wir den folgenden Satz aus einem Brief Rousseaus an Madame d'Houdetot: »Wenn Sie mein werden, so verliere ich, eben dadurch, daß ich Sie dann besitze, Sie, die ich ehre.« Zweimaliges Lesen hilft. Was Rousseau nämlich sagen zu wollen scheint, ist: Wer sich mir hingibt, ist *deshalb* nicht mehr geeignet, Inbegriff meiner Liebe zu sein. (Diese nur scheinbar exaltierte Auffassung ist gang und gäbe in einem wohlbekannten südlichen Lande, wo der von seiner Leidenschaft überzeugte Liebhaber die Angebetete bestürmt, ihm ihre Gunst zu schenken, und sie, sobald sie sich halt erobern läßt, verachtet – denn eine anständige Frau hätte »das« nie getan. Im selben Lande gilt auch der – offiziell natürlich nie zugegebene – Grundsatz: Alle Frauen sind Huren, außer meiner Mutter – die war eine Heilige. Klar – denn mit der Mutter ging »es« natürlich nicht.)

In seinem berühmten Werk *Das Sein und das Nichts* bezeichnet Jean-Paul Sartre die Liebe als einen vergeblichen Versuch, eine Freiheit als Freiheit zu besitzen. Dazu führt er aus:

> Andererseits kann er [der Liebende] sich aber auch nicht mit jener erhabenen Form von Freiheit zufriedengeben, die eine ungezwungene und freiwillige Verpflichtung ist. Wer würde sich mit einer Liebe begnügen, die sich als reine, dem Vertrauen geschworene Treue darbietet? Wem wäre es recht, wenn er hören müßte: »Ich liebe dich, weil ich mich freiwillig verpflichtet habe, dich zu lieben, und weil ich mein Wort nicht brechen will; ich liebe dich aus Treue zu mir selbst«? So verlangt der Liebende den Schwur und ist über den Schwur unglücklich. Er will von einer Freiheit geliebt werden und verlangt, daß diese Freiheit als solche nicht mehr frei sei.

Mehr über diese merkwürdigen und unlösbaren Komplikationen der Liebe (und vieler anderer Formen scheinbar irrationalen Verhaltens) findet der interessierte Leser in dem Buch *Ulysses and the Sirens* des norwegischen Philosophen Jon Elster. Doch für den Unglücklichkeitsbedarf des Anfängers mag das eben Gesagte ausreichen. Der Fortgeschrittene aber gibt sich damit nicht zufrieden. Aus diesen Zusammenhängen läßt sich nämlich weiteres Kapital schlagen, das allerdings nur den Groucho Marxens unter uns zugänglich ist. Es setzt eben voraus, daß man *sich selbst* für liebensunwürdig hält. Damit ist jeder, der einen liebt, prompt diskreditiert. Denn wer einen liebt, der keine Liebe verdient, mit dessen Innenleben stimmt etwas nicht. Ein Charakterdefekt wie Masochismus, eine neurotische Bindung an eine kastrierende Mutter, eine morbide Faszination durch das Minderwertige – von dieser Art sind die Gründe, die sich als Erklärung für die Liebe des oder der Betreffenden anbieten und sie unerträglich machen. (Zur Auswahl der befriedigendsten Diagnose ist eine gewisse Kenntnis der Psychologie oder wenigstens die Teilnahme an Selbsterfahrungsgruppen von großem Wert.)

Und damit ist nicht nur das geliebte Wesen, sondern auch der Liebende selbst *und* die Liebe als solche in ihrer Schäbigkeit enthüllt. Was kann man schon mehr wünschen? Besser als jeder andere mir bekannte Autor hat Laing dies in seinen *Knoten* dargestellt, ich gebe seine Formulierung daher vollinhaltlich wieder:

Ich achte mich selbst nicht
ich kann niemanden achten, der mich achtet.
Ich kann nur jemanden achten, der mich
nicht achtet.

Ich achte Jack
weil er mich nicht achtet

Ich verachte Tom
weil er mich nicht verachtet

Nur eine verächtliche Person
kann jemanden so verächtlichen wie mich
achten

Ich kann niemanden lieben, den ich verachte

Da ich Jack liebe
kann ich nicht glauben, daß er mich liebt

Wie kann er es mir beweisen?

Nur auf den ersten Blick erscheint das absurd, denn die Komplikationen, die mit dieser Auffassung einhergehen, liegen doch so klar auf der Hand. Dies dürfte aber noch niemanden abgehalten haben, oder, wie Shakespeare es in einem seiner Sonette sagt: »Dies weiß jedweder, doch nicht, wie man flieht den Himmel, der zu dieser Hölle zieht.« Praktisch verliebe man sich also in hoffnungsloser Weise: in einen verheirateten Partner, einen Priester, einen Filmstar oder eine Opernsängerin. Auf diese Weise reist man hoffnungsfroh, ohne anzukommen, und zweitens bleibt einem die Ernüchterung erspart, feststellen zu müssen, daß der andere gegebenenfalls durchaus bereit ist, in eine Beziehung einzutreten – womit er sofort unattraktiv wird.

Die Sache mit dem Backpulver

FRAU: Ich fürchte, aus diesem Kuchen wird nichts; der Teig geht nicht auf.

MANN: Vielleicht nicht genug Backpulver – was steht im Rezept?

FRAU: Das schaut dir wieder einmal ähnlich.

MANN: Was schaut mir ähnlich?

FRAU: Das mit dem Backpulver.

MANN: Was mit dem Backpulver?

FRAU: Du weißt genau, was ich meine. Immer tust du das, und du weißt, daß es mir auf die Nerven geht.

MANN: Himmelkruzitürken – wovon redest du überhaupt? Du sagst, daß der Kuchen nicht aufgeht; ich sage, das einzige, was daran schuld sein könnte, wäre zuwenig Backpulver; und plötzlich hat das nichts mehr mit Backpulver zu tun, sondern ist ein Defekt meines Charakters oder was weiß ich ...

FRAU: Natürlich – Backpulver ist dir wichtiger als ich. Daß es das Backpulver sein könnte, kann ich mir selbst denken; dir aber ist es gleichgültig, daß ich dir mit dem Kuchen eine Freude machen will.

MANN: Das bestreite ich auch gar nicht, und es freut mich. Ich redete ja auch nur vom Backpulver, nicht von dir.

FRAU: Wie ihr Männer das nur so fertigbringt, alles so schön sachlich auseinanderzuhalten, daß es einer Frau dabei zu frösteln beginnt!

MANN: Nein, das Problem ist, wie ihr Frauen es fertigbringt, Backpulver zum Gradmesser der Liebe zu machen!

(Und so weiter)

»*Why can't a woman be more like a man?*« fragt schon Professor Higgins verzweifelt in Bernard Shaws *Pygmalion*. Umgekehrt, das heißt in bezug auf die Männer, ist mir leider kein klassisches Zitat bekannt; aber man kann sich vorstellen, wie es ungefähr lauten müßte: Ich bin für dich nur dann wichtig, wenn ich dir gerade ins Konzept passe und du Zeit hast.

In diesem Zusammenhang wäre noch eine andere Falle zu erwähnen, in die Männer und Frauen in ihren Auseinandersetzungen besonders leicht hineinfallen. Damit soll aber nicht gesagt sein, daß sie nicht auch in jedem anderen zwischenpersönlichen Kontext lauern kann. Es ist der Unterschied zwischen den Begriffen »verstehen« und »einverstanden sein«. Ihre ahnungslose Vermengung führt zu den schönsten Krächen. Es ist nämlich durchaus möglich, den Standpunkt des anderen voll zu verstehen, ohne deswegen der gleichen Meinung – also einverstanden – zu sein.

Manchmal wird überhaupt behauptet, Frauen und Männer sprächen verschiedene Sprachen. Aber es ist wohl eher so, wie Oscar Wilde das einmal für Engländer und Amerikaner so elegant ausdrückte, nämlich, daß sie eine *gemeinsame* Sprache *trennt.* Oder, anders gesagt, gerade die Gemeinsamkeit der Sprache erzeugt die Illusion, daß der Partner die Wirklichkeit selbstverständlich so sehen muß, wie sie ist – das heißt, wie *ich* sie sehe. Und stellt es sich heraus, daß er sie nicht so sieht, dann ist er verrückt oder böswillig.

Das Leben als Spiel

Vom amerikanischen Psychologen Alan Watts stammt der Aphorismus, das Leben sei ein Spiel, dessen Spielregel Nr. I lautet: Das ist kein Spiel, das ist todernst. Und Laing hatte offensichtlich ähnliches im Sinne, als er in seinen *Knoten* schrieb: »Sie spielen ein Spiel. Sie spielen damit, kein Spiel zu spielen. Zeige ich ihnen, daß ich sie spielen sehe, dann breche ich die Regeln, und sie werden mich bestrafen«.

An mehreren Stellen unseres Leitfadens war bereits davon die Rede, daß eine der Grundvoraussetzungen für erfolgreiche Unglücklichkeit darin besteht, daß man die rechte Hand nicht wissen läßt, was die linke tut. Auf diese Weise spielt man Watts' oder Laings Spiel mit sich selbst.

Das sind keine müßigen Phantasien. Seit langer Zeit beschäftigt sich sogar ein Zweig der höheren Mathematik, nämlich die Spieltheorie, mit diesen und ähnlichen Problemen. Aus diesem Gebiet wollen wir uns unsere letzte Inspiration holen. Wie man sich denken kann, hat der Begriff des Spiels für die Mathematiker keine kindlich-spielerische Bedeutung. Für sie handelt es sich vielmehr um einen begrifflichen Rahmen, in dem ganz bestimmte Regeln gelten, die ihrerseits das bestmögliche Spielverhalten bestimmen. Es versteht sich von selbst, daß man, je nach Verständnis und folgerichtiger Anwendung der Regeln, die eigenen Gewinnchancen optimalisieren kann.

Von grundsätzlicher Wichtigkeit – auch für unser Anliegen – ist dabei die Unterscheidung zwischen Nullsummen- und Nicht-Nullsummenspielen. Besehen wir uns zuerst die Klasse der Nullsummenspiele. Sie enthält all jene zahllosen Spiele, in denen der Verlust des einen Spielers den Gewinn des anderen darstellt. Gewinn und Verlust belaufen sich daher, zusammengezählt, immer auf Null. Jede einfache Wette beruht auf diesem Prinzip. (Daß es darüber hinaus viel kompliziertere Spiele dieser Art gibt, soll uns hier nicht beschäftigen.)

Nicht-Nullsummenspiele sind dagegen – wie schon der Name besagt – Spiele, in denen Gewinn und Verlust sich eben nicht ausgleichen. Das bedeutet, daß die Summe von Gewinn und Verlust über oder unter Null liegen kann; mit anderen Worten: In einem solchen Spiel können *beide* (beziehungsweise, wenn mehr als zwei Spieler beteiligt sind, *alle*) Spieler gewinnen *oder* verlieren. Nur auf den ersten Blick scheint das unklar, aber dann kommen uns sofort Beispiele in den Sinn; etwa ein Streik. Da verlieren meist beide »Spieler«, die Betriebsführung *und* die Belegschaft. Denn obwohl im weiteren Verlauf sich aus der Kontroverse ein endgültiger Vorteil für die eine oder die andere Partei ergeben kann, muß es keineswegs zutreffen, daß Verlust und Gewinn gleich Null sind.

Stellen wir uns nun aber zusätzlich vor, daß die durch den Streik verursachten Produktionsausfälle einem Konkurrenzunternehmen insofern sehr zugute kommen, als jenes nun bedeutend mehr eigene Produkte verkaufen kann als zuvor. Insofern haben wir es dann doch mit einer Art Nullsummenspiel zu tun, denn es könnte sich nun durchaus die Situation ergeben, daß die streikbedingten Verluste des ersten Unternehmens dem dadurch bewirkten Gewinn der zweiten Firma entsprechen. Diese Zeche aber bezahlen Management *und* Arbeiterschaft des ersten Unternehmens, da sie *beide* zu Verlierern wurden.

Bringen wir nun diese Problematik von den abstrakten Gefilden der Mathematik oder den kollektiven Scharmützeln zwischen Management und Gewerkschaften auf die Ebene menschlicher Beziehungen herunter. Ist eine Partnerbeziehung ein Nullsummen- oder ein Nichtnullsummenspiel? Um das zu beantworten, müssen wir uns fragen, ob es zutrifft, daß da die »Verluste« des einen Partners dem »Gewinn« des anderen entsprechen.

Und hier scheiden sich die Geister. Der Gewinn, zum Beispiel, der im eigenen Rechthaben und dem Nachweis des Irrtums (dem Verlust) des Partners liegt, läßt sich durchaus als Nullsummenspiel auffassen. Und viele Beziehungen sind es auch. Um sie dazu zu machen, genügt es, wenn einer der beiden eben das Leben als Nullsummenspiel sieht, das nur die Alternative zwischen Gewinn und Verlust offenläßt. Alles weitere ergibt sich zwanglos, auch wenn die Philosophie des anderen zunächst nicht dahin gehend ausgerichtet war. Man spiele also Nullsumme auf der Beziehungsebene – und man kann sich darauf verlassen, daß die Dinge auf der Objektebene langsam, aber sicher zum Teufel gehen. Was Nullsummenspieler nämlich leicht übersehen, verbissen, wie sie in die Idee des Gewinnens und gegenseitigen Übertrumpfens sind, ist der große Gegenspieler, der (nur scheinbar) lachende Dritte, das Leben, demgegenüber *beide* verlieren.

Warum fällt es uns bloß so schwer, einzusehen, daß das Leben ein Nicht-Nullsummenspiel ist? Daß man daher *gemeinsam* gewinnen kann, sobald man nicht mehr davon besessen ist, den Partner besiegen zu müssen, um nicht besiegt zu werden? Und – für den routinierten Nullsummenspieler ganz unfaßlich – daß man sogar mit dem großen Gegenspieler, dem Leben, in Harmonie leben kann?

Aber ich stelle schon wieder rhetorische Fragen, auf die schon Nietzsche eine Antwort zu geben versuchte, als er in *Jenseits von Gut und Böse* behauptete, Irrsinn bei einzelnen sei selten, aber bei Gruppen, Parteien, Völkern und Zeiten sei er die Regel. Doch warum sollten wir gewöhnlichen Sterblichen weiser sein als die ungleich mächtigeren Nullsummenspieler, zum Beispiel die Politiker, Patrioten, Ideologen oder gar die Supermächte? Nur feste druff – viel Feind, viel Ehr, und wenn alles in Scherben fällt …

Nicht-Nullsummenspiele

Bis spätestens Hiroschima galt auch der Krieg als Nullsummenspiel, da die Gebiete, die der eine Staat verlor, den Gewinn des »Siegers« darstellten. Daß dabei unter Umständen Millionen von Menschen ums Leben kamen, fiel nicht besonders ins Gewicht, denn schließlich starben sie ja den Heldentod *(dulce et decorum est pro patria mori),* und die Kriegführer selbst starben meist nicht am Kriegführen, sondern erst in Pension. Was aber den Heldentod betrifft, so ist er nicht jedermanns Sache, und zwar nicht nur der eigene, sondern auch das Zufügen dieser Ehre an einen Mitmenschen – auch wenn er eine andere Uniform trägt. In Flandern, bekanntlich einem der Brennpunkte heftigster Kämpfe im Ersten Weltkrieg, mitten in Schlamm, Verzweiflung, Giftgas, Blut und Tod, bildete sich von selbst, ganz ohne menschliche Absicht, immer wieder etwas heraus, das der Historiker Ashworth das »System des Leben-und-Lebenlassens« nennt und ausführlich beschreibt. Demnach war es um die Siegeslust beider Seiten nicht gut bestellt. Gerade die Tatsache, daß man selbst, genau wie der »Feind«, diesen unmenschlichen Verhältnissen nicht nur passiv ausgeliefert war, sondern zu ihnen auch noch aktiv beitragen sollte, lähmte das Nullsummendenken, das jeden tapferen Soldaten inspirieren sollte. Nicht selten waren die feindlichen Gräben nur 15 Meter vor den eigenen, und es wäre ein leichtes gewesen, sich gegenseitig dauernd mit Handgranaten zu dezimieren. Nicht nur war dies aber oft wochenlang nicht der Fall, sondern es entwickelten sich zwischen den beiden Seiten geradezu freundschaftliche Gefühle; zum Beispiel in der Weihnachtszeit. Oft kam es an langen Frontabschnitten zu völliger Ruhe, und langsam bildeten sich da auch andere, ganz spontane, aber von beiden Seiten respektierte Nichtangriffsrituale heraus, wie zum Beispiel das gegenseitige Ignorieren zweier feindlicher Spähtrupps, die im nächtlichen Niemandsland fast übereinander stolperten. Die Reaktion der Armeeführungen auf diese Verlotterung der Moral kann man sich ausmalen. Im Februar 1917 zum Beispiel sah sich der Kommandeur der 16. britischen Infanteriedivision gezwungen, etwas zur Eindämmung dieser Seuche zu tun. In einem Tagesbefehl verordnete er, daß »jegliches Einverständnis mit dem Feinde strengstens verboten ist. Niemand darf mit ihm Kontakt aufnehmen, und jeder diesbezügliche Versuch seitens des Feindes muß sofort unterdrückt werden. Gegen Zuwiderhandelnde ist im Disziplinarverfahren vorzugehen.«

Was an dieser versuchten Patendlösung geradezu pikant scheint, ist die Tatsache, daß das um sich greifende Prinzip des »Leben-und-Lebenlassens« sozusagen auf höherer Ebene auch die beiden Oberkommandos (wenigstens theoretisch) in ihrer Besorgnis einander nähergebracht haben mußte. Der Verdacht liegt nahe, daß der der 16. Division gegenüberliegende deutsche Divisionskommandeur, hätte er von jenem Tagesbefehl gewußt, seinem britischen Kollegen sicherlich von Herzen zugestimmt hätte. Oder anders ausgedrückt: Es ergab sich die absurde Situation, die eine Zusammenarbeit der beiden Antagonisten zum Zwecke *gemeinsamer* Maßnahmen gegen dieses Übel eigentlich vernünftig gemacht hätte. Freilich kam es nicht soweit. Aber wie man sieht, sind den merkwürdigsten Verhaspelungen dieser Probleme kaum Grenzen gesetzt.

Die zweite Panne der versuchten Lösung ist für jeden Problemlöser nicht weniger interessant. Durch das Verbot des »Leben-und-Lebenlassens« wurden die Leute in den Schützengräben in ein manichäisches Dilemma versetzt. *Entweder* sie befolgten die Befehle von oben und schossen auf den Gegner, wann immer er sich zeigte; setzten sich aber damit der sofortigen Vergeltung für diesen Bruch des stillschweigenden Nichtangriffspaktes aus. *Oder* sie respektierten weiterhin den inoffiziellen Waffenstillstand und riskierten damit, vor ein Kriegsgericht zu kommen.

Das sich aus diesem Dilemma spontan ergebende *tertium* war die Wiederentdeckung eines bewährten Rezeptes aus den Zeiten des spanischen Weltreichs, wo man in den überseeischen Besitzungen auf die oft ganz unsinnigen Befehle aus dem Escorial nach dem Rezept *»Se obedece, pero no se cumple«* (man gehorcht, aber man führt [die Befehle] nicht aus) reagierte. In Flandern, drei Jahrhunderte später, war es nicht anders: Man gehorchte den Schießbefehlen, schoß aber daneben – und der dankbare Gegner tat dasselbe.

Ein ähnliches Beispiel ist das bisherige Ergebnis einer großangelegten Studie, die derzeit in den USA, Europa und Israel läuft. Im Jahre 1981 begannen zwei Psychologinnen eine Befragung von Nichtjuden, die unter schwerster Gefährdung des eigenen Lebens ihnen oft nicht einmal persönlich bekannte Juden vor der Endlösung der Nazis gerettet hatten. Auf die Frage, warum sie das getan hatten, stießen die Befrager immer wieder auf verständnislose Gegenfragen: »Was meinen Sie damit?« und – bei Beharren auf der Frage – auf fast verlegene Bemerkungen wie: »Ja, was hätte ich denn sonst tun sollen?« oder: »Ich tat ja nur, was man als Mensch eben für einen anderen tut.«

Zugegeben, das sind ungewöhnliche Situationen (und Menschen!), doch sind sie keine Seltenheit. Man kann sie überall finden; in Ehen, im öffentlichen Leben, sogar in Großunternehmen und, so unwahrscheinlich das auf den ersten Blick erscheinen mag, in der Außenpolitik. In Begriffen der mathematischen Spieltheorie sind das Nicht-Nullsummenspiele, das heißt, in den Beziehungen zum Partner oder zum Gegenspieler ist der Verlust des einen nicht der Gewinn des anderen, sondern hier können *beide* gewinnen oder verlieren. Ein Atomkrieg wäre das Beispiel *par excellence* eines Nicht-Nullsummenspiels, in dem alle verlören. Aber eben auch das Gegenteil ist möglich, nämlich die Einsicht, daß durch Einlenken und den Willen zu Konzessionen (die für den Nullsummenspieler natürlich »Niederlagen« wären) *allen* Beteiligten Vorteile erwachsen können.

Aufrechte und ihren Weltbeglückungsplänen fest verpflichtete Ideologen sind gegen diese Gefahr freilich gefeit. Doppelt sogar. Denn einerseits durchschauen sie jedes Einlenken des Gegners mit Leichtigkeit als Köder, mit dem er sie nur um so sicherer reinlegen will, oder aber als Zeichen der Schwäche, das sofort zur Stärkung der eigenen Machtposition auszunützen ist. Das darauf selten ausbleibende Zurückgehen des Gegners auf den alten Konfrontationskurs beweist dann klar, wie richtig doch der eigene Verdacht von Anfang an war. Andererseits wäre jedes Eingehen auf ein Nicht-Nullsummenspiel ein Verrat an der hehren Ideologie zum unwürdigen Preis eines Linsengerichtes. Für die Außenpolitik hat das, weit besser als ich es könnte, Jean-François Revel ausführlich dargelegt. Obwohl er sich einer anderen Terminologie bedient, scheint auch er (vor allem in seinem Bonner Vortrag vom 25. Oktober 1984 und in seinem Buch *So enden die Demokratien*) den grundsätzlichen Unterschied zwischen der Außenpolitik demokratischer und totalitärer Staatssysteme in der Verhandlungsbereitschaft der ersteren und dem Nullsummendenken der letzteren zu sehen. Für die Demokratien wird die Außenpolitik durch die Innenpolitik bestimmt, deren Anliegen grundsätzlich die Sicherheit und Wohlfahrt des Staatsbürgers ist; in Revels Worten suchen sie in ihrer Außenpolitik »vor allem nach einem Gleichgewichtszustand, der ihrem inneren Gleichgewicht entspricht«. Der Totalitarismus dagegen baut sich auf einer Ideologie auf, einer endgültigen und daher allgemeinverpflichtenden amtlichen Definition der menschlichen, gesellschaftlichen und sogar wissenschaftlichen Wirklichkeit. Demzufolge ist – und hier zitiere ich wieder Revel – »für ihn die bloße Existenz anderer Systeme mit seiner Sicherheit unvereinbar«. Und deshalb, könnte man hinzufügen, gibt es für die Außenpolitik dieser Systeme nur *ein* Ziel, nämlich den kompromißlosen, endgültigen Sieg auf weltweiter Basis, denn nur ein solcher Endsieg kann das Nullsummenspiel der nackten Macht beenden und das irdische Paradies einführen. Dies schließt freilich ein taktisches Vorgehen nicht aus, zum Beispiel Verhandlungen, aus denen aber »nicht eine Einigung auf Dauer herauskommen soll, sondern eine Schwächung des Gegners, um ihn zu weiteren Zugeständnissen bereit zu machen, ihn aber in dem rührenden Glauben zu lassen, daß diese neuerlichen Zugeständnisse nun wirklich die letzten sein und ihm Stabilität, Sicherheit und Ruhe verschaffen werden«. (Aus irgendeinem unklaren Grunde kommt einem dazu neben *München* auch der Name *Helsinki* in den Sinn ...)

Die modernen Demokratien dagegen neigen dazu, sich im Konflikt- oder Konkurrenzfall zusammenzuraufen. Revel drückt das eleganter aus; für ihn suchen sie

> immer neue Kompromisse zu schließen, deren *Mittelwert* der für alle die meisten Vorteile bringende gemeinsame Nenner ist. [...] So geht jede demokratische Diplomatie davon aus, *daß sich Konzessionen lohnen,* weil dabei der Gegenspieler, von dem unterstellt wird, er sei vernünftig und maßvoll, dazu veranlaßt wird, die Leistung zu berücksichtigen, die man erbracht hat, und entsprechend als *Gegenleistung* eine Konzession zu machen, die den gefundenen Kompromiß *dauerhaft* macht.

Zukunftsmusik? Keineswegs, sondern lebende Gegenwart, wo immer Nicht-Nullsummenspieler tragfähige Kompromisse statt Patendlösungen durchsetzen. So dürfte es der jüngeren Generation ganz unglaublich vorkommen, daß uns Älteren in der Schule die fraglose, unabänderliche »Tatsache« eingetrichtert wurde, daß Deutschland und Frankreich auf alle Ewigkeit Erbfeinde seien und daher fürchterliche Kriege mindestens alle 30 Jahre eine schicksalsbedingte Notwendigkeit. Und wir glaubten es, so wie wir heute die »Unabänderlichkeit« der Feindschaft zwischen den arabischen Staaten und Israel oder den Wahnsinn des Blutvergießens in Nordirland hinnehmen. Und da brachten es doch am 22. Januar 1963 in Paris zwei sonst nicht gerade besonders begnadete Regierungschefs fertig, ihre Unterschriften unter einen Freundschaftsvertrag zu setzen, der der Schlußpunkt einer für historische Maßstäbe sehr raschen, grundsätzlichen Änderung in der Beziehung zwischen der Bundesrepublik und Frankreich war. Und wer heute noch *Die Wacht am Rhein* grölte, könnte für sich den Titel eines patriotischen Dinosauriers in Anspruch nehmen.

Das Kollektiv ist alles

Zu der utopischen Zukunftserwartung und der Verwerfung des Alten gesellt sich als weiteres Element die schon erwähnte Gleichschaltung, die Erziehung zur Kollektivität. Das glücktriefende Neue wird natürlich allen zu gleichen Anteilen gehören; individuelle Extratouren kann es da nicht geben. Vom Kindergarten an wird dem Amerikaner eingeprägt, daß er Teil einer Gruppe ist und daß die Werte, das Verhalten und das Wohl der Gruppe maßgebend sind. Andersdenken ist verwerflich, Anderssein erst recht. Die Lehrer sprechen ihre Schüler als konformes Kollektiv an, nämlich mit dem Wort *class:* »*Class, you will now write a composition about* ...« – und das amorphe Wesen, die Schulklasse, beginnt, einen Aufsatz zu schreiben. Während es für den Europäer eine Beleidigung ist, ein Dutzendmensch genannt zu werden, hat der Amerikaner eine große Angst davor, von der Gruppennorm abzuweichen. Anderssein bedeutet Ausstoßung aus der Gruppe, bedeutet Ächtung. Daher vermutlich auch seine ausgesprochene Abneigung dagegen, allein im Restaurant zu sitzen, denn dies bedeutet, daß ihn niemand liebt.

Für den weniger empfindsamen Ausländer hat das gewisse Vorteile, auf die bereits Einstein 1933 in einem Brief an die Königin Elisabeth von Belgien verwies:

> Princeton ist ein wundervolles Stückchen Erde und dabei ein ungemein drolliges, zeremonielles Krähwinkel winziger stelzbeiniger Halbgötter. Man kann sich aber durch Verstoßen gegen den guten Ton eine schöne Ungestörtheit verschaffen; dies tue ich. Die Menschen, welche die sogenannte Gesellschaft bilden, sind hier noch weit unfreier als in Europa. Es scheint aber, daß sie es nicht empfinden, weil die Lebensform die Entwicklung der Persönlichkeit von Jugend an unterbindet.

Die Sehnsucht nach allgemein ratifizierten Entscheidungen, nach Einordnung und Anerkennung, ist vielleicht auch einer der Gründe für das Entstehen militanter chiliastischer Kulte wie *Synanon*, die »*Moonies*«, die *Church of Scientology* (obwohl importiert), ganz zu schweigen von den Ereignissen im *People's Temple* im guayanischen Urwald, die im November 1978 die Weltöffentlichkeit entsetzten.

Denn selbst wo gegen den Konformismus Sturm gelaufen wird, geschieht es im Rahmen eines Metakonformismus: Auch die Rebellion der Jugend ist in ihrem Nichtkonformismus starr konform. Daher wohl die Begeisterung für die allumfassende Reglementierung etwa in Nord-Korea, von der als Befreiung geschwärmt wird. Gleichheit, Gleichheit über alles …

Aber die Gleichheit hat ihre subtilen und auch nicht so subtilen Tücken, und wer es nicht glauben will, der lese das Kapitel »Das Schlagwort ›Gleichheit‹ und die Gründe seiner Explosivität« in Wolf Schneiders Buch *Wörter machen Leute*. Dort wird ihm auch die hoffnungslos paradoxe Natur der Gleichheit vor Augen geführt, die, wo sie zum Programm gemacht und allgemeinverpflichtend aufgezwungen wird, Ungleichheit und Ungerechtigkeit erzeugt.

In den Staaten, wo, wie erwähnt, die praktischen Gegebenheiten im Bedarfsfall viel eher den Idealen geopfert werden als in Europa, wird es einem klar, wie sehr Gleichheit eben zur Konformität der Ideale und Werte verpflichtet und wie diese dadurch noch wirklichkeitsfremder werden, als sie es meist ohnedies schon sind. *»School is fun«* (Schulegehen macht Spaß) wird den amerikanischen Kindern seit Generationen eingebleut; und wem es nicht so vorkommt, dem wird nicht Realismus und eigenständiges Denken attestiert, sondern mit dem stimmt etwas nicht. Und wem lange genug vorgehalten wird, daß mit ihm etwas nicht stimmt, der glaubt es schließlich selbst. Sich den Teufel um Sport zu kümmern gilt zumindest als unmännlich, wenn nicht geradezu unpatriotisch. Und, apropos Patriotismus: Den Europäer, dem noch der ganze Schrecken flatternder Fahnen volksverbundener Fahrt ins finstere Chaos in den Knochen steckt, fröstelt es etwas, wenn er den amerikanischen Fahnenklamauk entdeckt. Statt dem Konterfei des schnurr-, spitz- oder vollbärtigen Volksbeglückers an der Wand findet sich in jedem besseren Amtsraum, Klassenzimmer sowie Kirche die Fahne in der Ecke. Ihr leistete man, ob Schulkind oder Generaldirektor, bis vor einigen Jahren täglich erneut den Treueschwur. Zu feierlichen Anlässen wird sie spazierengeführt, wobei eine für den Ausländer befremdlich-belustigende Erotisierung zutage tritt: Der Fahne folgt oft eine Ehrengarde leichtgeschürzter, hochbusiger Mädchen, *majorettes* genannt, in strampelndem Gleichschritt. Im Paris kam es einmal zu einer kleineren Bestürzung, als die *majorettes* der Lake Howell High School aus der Stadt Orlando in Florida mit Fahne und Musikkapelle auf den Champs-Élysées marschieren wollten. Die Franzosen, die, wie sich vermutlich zum Erstaunen der amerikanischen Organisatoren herausstellte, doch nicht *toujours l'amour* im Sinne haben, kriegten den Zusammenhang zwischen Fahnen, dem Grab des Unbekannten Soldaten und langen, seidigen, gestiefelten Mädchenbeinen nicht mit, und die für amerikanische Begriffe durchaus koschere Heldenehrung konnte in dieser Form nicht stattfinden.

Doch ich schweife schon wieder ab. Die Folgen der Hochachtung für das Kollektiv werden Ihnen besonders dann auffallen, wenn Sie Vergleiche darüber anstellen, wie der Amerikaner im Gegensatz zum Europäer mit einem unerwünschten Zustand fertig zu werden versucht. In seinem, dem Amerikaner zynisch und nihilistisch erscheinenden Mißtrauen an der Verbesserungsfähigkeit der Welt neigt der Europäer dazu, Privatlösungen anzustreben, Hindernisse irgendwie zu umgehen, Hintertürchen zu benützen und ihr Bestehen nur ja nicht an die große Glocke zu hängen. Dieses Vorgehen ist für den Amerikaner auch dann unannehmbar, wenn es, ohne jemandem zu schaden, zu vollem Erfolg führen könnte. Und daher seine Besessenheit mit der Bildung von Ausschüssen aller Art selbst dann, wenn eine rasche, einfache, individuelle Entscheidung durchaus möglich wäre. Von dieser Komiteesucht des Amerikaners werden Sie, lieber Leser, bald ein Lied zu singen wissen, wenn Sie als Geschäftsmann, Experte, Wissenschaftler oder dergleichen zur Erreichung eines bestimmten Zweckes in die USA kamen. Man sitzt, man debattiert, die Berge kreißen, und es wird nicht einmal eine Maus geboren, sondern der Ausschuß wird auf einen neuen Termin vertagt.

Denn für den Amerikaner muß jede Lösung öffentlich und allgemeinverbindlich sein. Er agiert, propagiert, legt seine Seele bloß und gibt sich nicht zufrieden, bis ihm das Kollektiv seine volle Zustimmung und Anerkennung erteilt. Zaunlos und mit riesigen, der Straße zugewandten Fenstern wie seine Häuser ist auch seine Psyche. Jeder soll sehen, was in ihm vorgeht, soll es bewundern und billigen und soll vor allem das beruhigende Gefühl haben, daß ihm nichts vorenthalten wird. Daher die weit offenen Bürotüren, daher die Angst vor der Stille, von der man ja nicht weiß, was sie verbirgt. Die oft erwähnte gesprächige Leutseligkeit des Amerikaners dürfte eher auf die für ihn ominöse Bedeutung des Schweigens als auf sein Interesse am Mitmenschen zurückzuführen sein. Im Flugzeug, an der Theke einer Bar oder eines Schnellrestaurants zu sitzen, ohne mit dem wildfremden Nachbarn ein Gespräch zu pflegen, verursacht ihm offensichtlich Unbehagen. Das schweigende Anblicken eines Fremden, das den Bruchteil einer Sekunde länger dauert, als es die unbewußten gesellschaftlichen Regeln gestatten, führt in jenem fast unweigerlich zu einem (vom Europäer leicht mißverstandenen) Nicken oder Lächeln und nicht etwa zu Mißtrauen oder besonderer Zurückhaltung. Versuchen Sie das nur einmal selbst. Sie werden, lieber Leser, sogar feststellen können, daß Schweigen selbst in der Herrentoilette verpönt ist. An der Wand stehend und sein Geschäft verrichtend wird der Amerikaner immer noch dazu neigen, ein paar freundliche, belanglose Worte an Sie zu richten.

Anthropologen, vor allem Bateson und Mead, führen diese Haltung auf die sehr verschiedene Rolle des Kindes in der typisch amerikanischen im Gegensatz, zum Beispiel, zur typisch englischen Familie zurück. Sie weisen nach, daß amerikanische Eltern ihren Kindern gegenüber eine Zuschauerrolle einnehmen und, eben als Zuschauer, erwünschtem Benehmen sozusagen applaudieren. Das amerikanische Kind befindet sich daher in einer gewissermaßen exhibitionistischen Rolle: Es produziert sich, imponiert und lernt das gesellschaftlich akzeptable Verhalten am Beifall der Eltern. Im Gegensatz dazu sieht sich vor allem der englische Vater als Vorbild, das heißt, *er* ist der Agierende und vermittelt so dem (zuschauenden) Kinde die Richtlinien für gesellschaftlich richtiges Verhalten. Eine der bekanntesten Regeln englischer Erziehung, »*Children should be seen but not heard*«, hat in Amerika praktisch keine Bedeutung.

Diese etwas trockenen Überlegungen sind für Sie dann von sehr praktischer Bedeutung, wenn Sie Amerikanern gegenüber einen Standpunkt zu vertreten haben – sei es als Repräsentant Ihrer Firma, als diplomatischer Vertreter Ihres Landes, Mitglied einer Kommission oder vor allem als Vortragender. Als Europäer werden Sie sich fast sicher und ganz unbewußt in der führenden, aktiven, belehrenden Rolle sehen und Ihre Zuhörer als die (passiven) Empfänger Ihrer Information. Sie werden ferner dazu neigen, die Form dieser Informationsvermittlung nach eigenem besten Gutdünken zu gestalten. Was Ihnen dabei aber wahrscheinlich völlig entgeht, ist die Tatsache, daß die Amerikaner in Ihrem Benehmen keineswegs Ihre vermeintlich so klare, gute Absicht sehen, Ihren Standpunkt verständlich und objektiv darzulegen. Für Ihre Zuhörer ist Ihr Verhalten viel eher ein nicht sehr schmeichelhafter Kommentar über sie selbst und ein Ausdruck »typisch europäischer« Schulmeisterei und Arroganz. Denn in (ebenso unbewußter) amerikanischer Sicht ist es die Rolle eines Vortragenden (wie des Kindes), sich von seiner Zuhörerschaft bestätigen und ratifizieren zu lassen.

Umgekehrt sieht der Europäer in eben dieser amerikanischen Haltung eine Art Aufschneiderei, ein Prahlen oder auch die naive Forderung nach uneingeschränkter Anerkennung und Bewunderung. Was wir nämlich schwerlich begreifen, ist, daß der Amerikaner diese Haltung nur jenen Personen gegenüber einnimmt, die ihm sympathisch sind, die er respektiert und an deren Anerkennung ihm daher gelegen ist.

Kein Wunder übrigens, daß sich die therapeutischen *encounter groups* (Selbsterfahrungsgruppen) in den USA solcher Beliebtheit erfreuen. Man setzt sich zusammen, man legt los, man ist brutal »ehrlich«, und das Ganze wird für therapeutisch gehalten – und ist es vielleicht auch, da man sich mit etwas Glück und öffentlicher Selbstkritik schließlich von der Gruppe seiner Sünden oder Symptome freigesprochen fühlt.

Der Franzl und seine Lösung

Vielleicht übertreibe ich, und es ist doch nicht ganz so gefährlich. Aber es besteht kein Zweifel, daß die manichäische Welt, die Welt der Gegensatzpaare (mit Entscheidungs- bzw. Unterwerfungszwang), in schwere Verlegenheiten käme, wenn es mehr Leute vom Schlage des Franzl Wokurka aus dem österreichischen Ort Steinhof gäbe. Die Leiden des jungen Franzl – denn von ihnen soll hier einleitend kurz die Rede sein – erreichten ihren Höhepunkt, als er als dreizehnjähriger Gymnasiast im Stadtpark vor einem großen Blumenbeet stand und davor eine kleine Tafel mit der Aufschrift entdeckte: *Das Betreten der Beete ist bei Strafe verboten.* Dies löste bei ihm ein in den letzten Jahren immer wieder aufgetauchtes Problem aus, denn wieder einmal schien die Lage der Dinge ihm nur eine von zwei Möglichkeiten offenzulassen, und beide waren unannehmbar: Entweder seine Freiheit gegenüber dieser Unterdrückung durch die Obrigkeit zu behaupten und im Blumenbeet herumzutrampeln, gleichzeitig aber auch zu riskieren, erwischt zu werden; oder dies nicht zu tun. Aber schon beim bloßen Gedanken, einem schäbigen Schild gehorchen zu müssen, kam ihm die Wut über die Feigheit einer solchen Unterwerfung. Lange stand er da, unentschlossen, ratlos, bis ihm plötzlich, vielleicht deswegen, weil es ihm noch nie eingefallen war, Blumen anzusehen, etwas völlig anderes in den Sinn kam, nämlich: *Die Blumen sind wunderschön.*

Lieber Leser, finden Sie die Geschichte banal? Da könnte ich Ihnen nur sagen: Der junge Wokurka sah es nicht so. Die Einsicht schlug über ihm zusammen wie eine brandende Welle, die einen gleich darauf emporhebt und schwerelos trägt. Er wurde sich plötzlich der Möglichkeit des Andersseins seines bisherigen Weltbildes bewußt. *Ich* will das Beet so, wie es ist; *ich* will diese Schönheit; *ich* bin mein eigenes Gesetz, meine eigene Autorität, wiederholte er immer wieder vor sich hin. Und auf einmal hatte das Verbotsschild keinerlei Bedeutung mehr; die manichäische Zwickmühle des Gegensatzpaares »Unterwerfung oder Rebellion« hatte sich ins Nichts aufgelöst. Freilich, das Hochgefühl war von kurzer Dauer, aber grundsätzlich hatte sich doch etwas geändert; da war nun etwas wie eine leise Melodie in ihm, meist fast unhörbar, in jenen Augenblicken aber doch oft laut genug, da die Welt wieder einmal im Morast des Entweder-Oder zu versinken schien. Als er zum Beispiel Autofahren lernte, legte er den Sicherheitsgurt immer an, weil er entschieden hatte, daß das Gurtetragen eine vernünftige Sicherheitsmaßnahme war. Und als bald darauf die leidenschaftliche Kontroverse darüber entflammte, ob der Staat das Recht hat, den Bürger zum Gebrauch der Sitzgurte zu zwingen, war ihm das ganze Hin und Her der öffentlichen Auseinandersetzung völlig wurscht. Er stand *außerhalb*.

Später begann er, sich ernsthaft und systematisch mit dieser Lebensphilosophie zu befassen. Lassen wir unserer Phantasie freien Lauf, und wir sehen ihn auf einmal außerstande, die schlichte Logik des Wortes »Wer nicht für mich ist, ist gegen mich« zu begreifen. Wenn er sich das überlegte, war ihm dabei zumute wie jenem Angeklagten, den der Richter fragt: »Haben Sie endlich aufgehört, Ihre Frau zu mißhandeln – ja oder nein?«, und der ihm mit einer zusätzlichen Bestrafung droht, weil jener deswegen weder »ja« noch »nein« antworten kann, weil er seine Frau *nie* geprügelt hat. Vielleicht erschienen ihm diese Situationen nun wie ein böser Traum, und der Vergleich würde zutreffen, denn was immer man bekanntlich in einem Alptraum zu tun versucht – fliehen, sich verstecken, sich wehren –, befreit den Träumer nicht von seinem Traum. Einem Alptraum entkommt man nur durch Aufwachen; aber Aufwachen ist eben nicht mehr Teil des Traums, sondern etwas grundsätzlich anderes, *außerhalb* des Traums.

Erst auf der Universität erfuhr Franzl, daß dieses *Andere* sein Unwesen in der formalen Logik treibt. Ähnlich wie im Falle des oben erwähnten Bibelwortes wurde dort zuerst postuliert, daß jede Aussage entweder wahr oder falsch sei und daß es ein Drittes nicht gebe *(tertium non datur)*. Dann aber kam jenes *enfant terrible*, jener klassische Lügner, der »Ich lüge« sagte. Wenn er wirklich log, sagte er also die Wahrheit; aber dann log er also, wenn er sagte »Ich lüge«. Und was halten Sie heute, Jahrtausende später, von der Behauptung »Der König von Frankreich ist kahlköpfig«? Wahr oder falsch?

»Leute wie dieser Wokurka vergiften einem die Freude am Beruf«, schimpfte die zweite Hexe. »Da verschwendest du Zeit und Mühe und konstruierst eine Situation, in der es nur zwei Möglichkeiten gibt, und beide sind Patendlösungen – und dann findet der Kerl eine dritte und zieht sich aus der Affäre. Ich lasse ihm zum Beispiel nur die Wahl zwischen Feigheit und einer tollkühnen Verrücktheit, und er wählt die Tapferkeit; ich versuche, in ihm Unlust vor etwas zu erwecken, damit er der Lust nachzujagen beginnt – und ihm ist das eine wie das andere gleichgültig; und kürzlich wollte ich ihn durch andere Leute dazu zwingen, klipp und klar anzugeben, ob er an Gott glaube oder nicht – und er zuckte nur die Achseln und zitierte Kant, Comte und Spencer (wer weiß, wer die waren), wonach Gott, wenn es Ihn gibt, in Seinem Wesen nicht erkannt werden könne. Daher, so Wokurka, sei dieser ewige Streit zwischen Gottesgläubigen und Atheisten für ihn ein Pseudoproblem; er sei Agnostiker. – Und ich weiß sogar, daß er schon damals, 1942, seiner Heimtücke so richtig freien Lauf ließ. Ihr wißt, damals begann es unserem gottgesandten, heißgeliebten Endlöser an den Kragen zu gehen, und er ließ daher diese schönen Plakate ankleistern: *Nationalsozialismus oder bolschewistisches Chaos?* Die Idee war ausgezeichnet, denn auch dem Dümmsten mußte dadurch klarwerden, daß er sich zwischen dem Edlen, Guten und dem teuflisch Bösen zu entscheiden hatte. Und was tat Wokurka?

Kleine Zettel klebte er an die Plakate mit der Aufschrift: *Erdäpfel oder Kartoffel?* Herrje, haben sich die Tausendjährigen geärgert, daß ihnen da jemand ihre amtliche und endgültige Definition der Wirklichkeit verhohnigelte! – Ungefährlich war das freilich nicht; aber ich glaube, nicht einmal zum Selbstmordkandidaten würde sich dieser Wokurka eignen. Dem ist zuzutrauen, daß er auch noch jenseits von Weiterleben und Sich-Umbringen ein Drittes fände. Dieser Mensch ist gefährlich – auf die Schwarze Liste mit ihm.«

»Meinetwegen«, sagte Hekate. »Aber du scheinst vergessen zu haben, daß wir uns mit solchen Typen seit langem herumschlagen. Erinnere dich nur, wie uns 1334 der Burgherr von Hochosterwitz durch die Lappen ging – uns und Margareta Maultasch, die die Burg belagerte. Nur ein Ochs und ein Sack Gerste waren ihm noch verblieben, und statt zwischen Kapitulation und Hungertod zu wählen, was tat der Kerl? Jedes Schulkind weiß es: Läßt den Ochsen schlachten, die Gerste in den Bauch stopfen und das Ganze über den Burgfelsen hinunter vor Margaretas Lager werfen. Und die sagt sich dann, was hat es für einen Zweck, noch weiter zu belagern, wenn die so viel zu essen haben, daß sie uns davon abgeben können? Abgezogen ist sie. Und haben die auf der Burg gelacht! Natürlich alles Österreicher, wie der Wokurka Franzl. Diese Irrelevantiner des Westens, wie sie einer der Ihren selbst genannt hat. Bei denen ist die Lage eh immer hoffnungslos, aber nicht ernst.«

Das ausgeschlossene *tertium*, das Dritte, scheint es also zu geben. Aber es lebt wohl im Verborgenen, im Schatten des gesunden Menschenverstandes, für den die Welt klar und verläßlich in unversöhnliche Gegensätze geteilt ist. Laotse nennt es nicht das Dritte, sondern den Ewigen Sinn. Nur ist leider auch dieser Name ein Gefangener der manichäischen Welt, da er sein Gegenteil im Ewigen Unsinn hat. Ist das vielleicht der Grund, weshalb es Religionen gibt, in denen Gott nicht benannt werden darf ...?

Der Mystiker und das Kätzchen

»*He who would do good must do so in minute particulars; the general good is the plea of patriots, politicians and knaves*« (wer Gutes tun will, tue es in kleinsten Schritten; das allgemeine Gute ist die Ausrede der Patrioten, Politiker und Schurken), soll der englische Satiriker Samuel Butler gesagt haben.

Die Natur scheint ihm recht zu geben. Alles was sich entwickelt, wächst und blüht, geht eben in »kleinsten Schritten« vor sich – alle großen Änderungen sind katastrophisch. Nur kann man sich leider an kleinen Schritten schwer begeistern, während utopische Verheißungen zünden und die Massen in Schwung bringen. Außerdem sind sie so »selbstverständlich«, daß nur ein Idiot oder ein heimtückischer Mensch sich ihnen widersetzen würde.

Die vielleicht klassischste Patendlösung aller Probleme des Allgemeinwohls geht auf Platon zurück. Für ihn ist der Philosoph nicht mehr der (sokratische) *Sucher* nach Wahrheit, sondern er *hat* sie. Anders gesagt: Er ist der Seher der göttlichen Ordnung, die der dumpfen Masse verborgen bleibt. Wer ist daher berufener als er, über die Geschicke der Menschen und des Staates zu herrschen?

Und wie Karl Popper an vielen Stellen seines Werkes betont, läßt Platon wenig Zweifel darüber, daß er sich im Besitze der Wahrheit wähnte.

Was daraus folgt, ist von unausweichlicher Logik, die Platon im *Staat* und in den *Gesetzen* ungeniert darlegt. Zum Beispiel: Mit dem Wissen des Weisen um die ewige Wahrheit ist es nicht getan; sie muß den Unwissenden vermittelt werden – wenn nötig auch gegen deren Willen. Das berechtigt den Philosophen-König, auch Unwahrheiten in den Dienst der Wahrheit zu stellen. Jede individuelle Auslegung der Wahrheit muß unterdrückt werden (Platon empfiehlt zu diesem Zweck Institutionen, die der Inquisition und den Konzentrationslagern in jeder Hinsicht entsprechen). Eine Rasse von Menschen muß herangezüchtet werden, die vorbehaltlos hinter dem Führer, dem Philosophen-König, stehen. Wo gehobelt wird, fliegen eben Späne, lautet die totalitäre Apologie der unmenschlichen Folgen dieser Endlösung, deren Etappen sich, frei nach Grillparzer, mit den Worten *Humanität, Divinität, Bestialität* benennen lassen.

Das Grauenhafte ist, daß die hier nur dilettantisch angedeuteten Auswüchse eben nicht Abweichungen von der reinen Lehre oder Denkfehler sind, sondern daß sie sich nahtlos und logisch zwingend aus der an sich durchaus einleuchtenden These ergeben, daß zum Wohlergehen aller der Weiseste uneingeschränkt herrschen solle. Aber schon die Wahl des Weisesten erzeugt eine Paradoxie: Wer entscheidet darüber, wer der Weiseste ist? Ein Super-Weiser? Aber wenn es den gibt, dann müßte *er* auch über den Weisen herrschen. Oder die weniger Weisen, die aber gerade ihrer unvollkommenen Weisheit wegen sich nie darauf einigen könnten, wer der Weiseste unter ihnen ist?

Oder: Welcher anständige Mensch würde sich nicht voll und ganz zu einer so idealen Lösung aller gesellschaftlichen Probleme bekennen wie der Losung: »Für jeden, was er braucht; von jedem, was er kann«? Klingt herrlich; das Malheur ist nur, daß diese »Lösung« einen Überfluß an Gütern voraussetzt und zweitens wieder irgendwelche Weisen, die irgendwie und (selbstverständlich) allgemeinverpflichtend entscheiden, wer was braucht und wer was kann. Wenn nämlich der Betreffende, oder besser gesagt: der Betroffene nicht derselben Meinung ist, so stimmt es mit *ihm* nicht und nicht mit der ein für allemal festgelegten Wahrheit der Ideologie.

Diesen zündenden, einleuchtenden Parolen gegenüber haben die Stimmen einiger Warner wenig Chance. Ein solcher ist zum Beispiel Karl Popper, der Anwalt der »kleinen Schritte«, die, eben weil klein, für den Höhenflug weltbeglückender Ideen viel zu schäbig sind. Denn man stelle sich ein Gemeinwesen vor, dessen Repräsentanten nicht das irdische Jerusalem gründen wollen, sondern sich mit Karl Popper fragen: »Wie können wir unsere politischen Einrichtungen so aufbauen, daß auch unfähige und unredliche Machthaber keinen großen Schaden anrichten können?« – Viel zu menschlich, nicht wahr?

Aber, um zum Ausgangspunkt dieses Kapitels zurückzukommen: Das Große liegt im Kleinen verborgen. Wie wenig Anspruch auf Originalität diese Einsicht erheben kann und wie schon frühere Epochen den Wert des Kleinen sahen, beweist eine charmante orientalische Geschichte:

Der Bagdader Mystiker Schibli starb 945. Nach seinem Tod sah ihn einer seiner Freunde im Traum und fragte: »Wie hat Gott dich behandelt?« Er sagte: »Er hat mich vor Sich gestellt und gefragt: ›Abu Bakr, weißt du, weshalb Ich dir vergeben habe?‹ Ich sagte: ›Wegen meiner guten Werke.‹ Er sagte: ›Nein.‹ Ich sagte: ›Weil ich in meiner Anbetung aufrichtig war.‹ Er sagte: ›Nein.‹ Ich sagte: ›Wegen meiner Pilgerfahrt und meines Fastens und meiner Pflichtgebete.‹ Er sagte: ›Nein, nicht deswegen habe Ich dir vergeben.‹ Ich sagte: ›Wegen meiner Reisen, um Wissen zu erwerben, und weil ich zu den Frommen ausgewandert bin?‹ Er sagte: ›Nein.‹ Ich sagte: ›O Herr, dies sind die Werke, die zur Rettung führen, die habe ich über alles gestellt und bei denen habe ich gedacht, daß Du mir ihretwegen vergeben würdest!‹ Er sprach: ›Doch nicht um all dieser Dinge willen habe Ich dir verziehen!‹ Ich sagte: ›O Herr, weshalb denn?‹ Er sprach: ›Erinnerst du dich, wie du durch die Gassen von Bagdad gingest und ein Kätzchen fandest, das vor Kälte ganz schwach geworden war und von Mauer zu Mauer lief, um Schutz vor der schneidenden Kälte und vor dem Schnee zu suchen, und du hast es aus Mitleid aufgehoben und in den Pelz gesteckt, den du trugst, und hast es so vor der Qual der Kälte geschützt?‹ Ich sagte: ›Ja, ich erinnere mich.‹ Er sprach: ›Weil du mit dieser Katze Erbarmen hattest, darum habe Ich Mich deiner erbarmt.‹«

Vor Ankommen wird gewarnt

It is better to travel hopefully than to arrive, zitiert R. L. Stevenson die Weisheit eines japanischen Sprichworts. Wörtlich übersetzt heißt das natürlich: Es ist besser, hoffnungsfroh zu reisen, als anzukommen; etwas sinngemäßer: Im Aufbruch, nicht am Ziele liegt das Glück.

Die Japaner sind freilich nicht die einzigen, denen vor dem Ankommen nicht recht geheuer ist. Schon Laotse empfahl, das Werk zu vergessen, sobald es beendet ist. Auch George Bernard Shaw kommt einem zu diesem Thema in den Sinn, mit seinem berühmten, oft plagiierten Aphorismus: »Im Leben gibt es zwei Tragödien. Die eine ist die Nichterfüllung eines Herzenswunsches. Die andere ist seine Erfüllung.« Hermann Hesses *Verführer* fleht die Verkörperung seines Begehrens an: »Wehr dich, du schöne Frau, straff dein Gewand! Entzücke, quäle – doch erhör mich nicht!«, denn er weiß, »daß jede Wirklichkeit den Traum vernichtet«. Weniger poetisch, dafür um so ausführlicher hat sich Hesses Zeitgenosse Alfred Adler mit diesem Problem herumgeschlagen. Sein Werk, dessen Wiederentdeckung überfällig ist, befaßt sich unter anderem eingehend mit dem Lebensstil der ewig Reisenden und vorsichtshalber lieber nicht Ankommenden.

Sehr frei nach Adler sind die Regeln dieses Spiels mit der Zukunft ungefähr folgende: Ankommen – womit buchstäblich wie metaphorisch das Erreichen eines Zieles gemeint ist – gilt als wichtiger Gradmesser für Erfolg, Macht, Anerkennung und Selbstachtung. Umgekehrt ist Mißerfolg oder gar tatenloses Dahinleben ein Zeichen von Dummheit, Faulheit, Verantwortungslosigkeit oder Feigheit. Der Weg zum Erfolg ist aber beschwerlich, denn erstens müßte man sich anstrengen, und zweitens kann auch die beste Anstrengung schiefgehen. Statt sich nun banal auf eine »Politik der kleinen Schritte«, auf ein überdies vernünftiges, erreichbares Ziel hin festzulegen, empfiehlt es sich, das Ziel bewunderungswürdig hoch zu setzen.

Meinen Lesern sollten die Vorteile offensichtlich sein. Das faustische Streben, die Suche nach der Blauen Blume, der asketische Verzicht auf die niedrigeren Befriedigungen des Lebens stehen gesellschaftlich hoch im Kurs und lassen Mutterherzen noch höher schlagen. Und vor allem: Wenn das Ziel in weiter Ferne liegt, begreift auch der Dümmste, daß der Weg dorthin lang und beschwerlich und die Reisevorbereitungen umfassend und zeitraubend sind. Da soll einen nur jemand dafür tadeln, noch nicht einmal aufgebrochen zu sein – und noch weniger droht einem Kritik, wenn man, einmal unterwegs, vom Wege abkommt und im Kreis marschiert oder längere Marschpausen einlegt. Im Gegenteil, für das Verirren im Labyrinth und das Scheitern an übermenschlichen Aufgaben gibt es heroische Vorbilder, in deren Licht man dann selbst etwas mitglänzt.

Doch das ist keineswegs alles. Mit dem Ankommen auch am hehrsten Ziel ist eine weitere Gefahr verbunden, die der gemeinsame Nenner der eingangs erwähnten Zitate ist, nämlich der Katzenjammer. Und um diese Gefahr weiß der Unglücksexperte; ob bewußt oder unbewußt, spielt dabei keine Rolle. Das noch unerreichte Ziel ist – so scheint es der Schöpfer unserer Welt zu wollen –

begehrenswerter, romantischer, verklärter, als es das erreichte je sein kann. Machen wir uns doch nichts vor: Die Flitterwochen hören vorzeitig zu flittern auf; bei Ankunft in der fernen exotischen Stadt versucht uns der Taxichauffeur übers Ohr zu hauen; die erfolgreiche Ablegung der entscheidenden Prüfung bewirkt wenig mehr als das Hereinbrechen zusätzlicher, unerwarteter Komplikationen und Verantwortungen; und mit der Serenität des Lebensabends nach der Pensionierung ist es bekanntlich auch nicht so weit her.

Quatsch, werden die Heißblütigeren unter uns sagen, wer sich mit so milden, anämischen Idealen abgibt, verdient es, am Ende enttäuscht dazustehen. Aber gibt es vielleicht nicht den leidenschaftlichen Affekt, der in seiner Entladung sich selbst übersteigert? Oder den heiligen Zorn, der zum berauschenden Akt der Rache und Vergeltung für Unrecht führt und der die Gerechtigkeit der Welt wieder ins Lot bringt? Wer könnte *da* noch vom »Katzenjammer« des Ankommens sprechen?

Leider, leider – auch damit scheinen die wenigsten anzukommen.

Das Ammenmärchen vom Glück als Lebensziel

Was kann man nun von einem Menschen ... erwarten? Überschütten Sie ihn mit allen Erdengütern, versenken Sie ihn in Glück bis über die Ohren, bis über den Kopf, so daß an die Oberfläche des Glücks wie zum Wasserspiegel nur noch Bläschen aufsteigen, geben Sie ihm ein pekuniäres Auskommen, daß ihm nichts anderes zu tun übrigbleibt, als zu schlafen, Lebkuchen zu vertilgen und für den Fortbestand der Menschheit zu sorgen – so wird er doch, dieser selbe Mensch, Ihnen auf der Stelle aus purer Undankbarkeit, einzig aus Schmähsucht einen Streich spielen. Er wird sogar die Lebkuchen aufs Spiel setzen und sich vielleicht den verderblichsten Unsinn wünschen, den allerunökonomischsten Blödsinn, einzig um in diese ganze positive Vernünftigkeit sein eigenes unheilbringendes phantastisches Element beizumischen. Gerade seine phantastischen Einfälle, seine banale Dummheit wird er behalten wollen ...

Diese Worte stammen aus der Feder des Mannes, den Friedrich Nietzsche für den größten Psychologen aller Zeiten hielt: Fjodor Michailowitsch Dostojewski. Und doch drücken sie, wenn auch in beredterer Sprache, nur das aus, was die Volksweisheit seit eh und je weiß: Nichts ist schwerer zu ertragen als eine Reihe von guten Tagen.

Es ist höchste Zeit, mit dem jahrtausendealten Ammenmärchen aufzuräumen, wonach Glück, Glücklichkeit und Glücklichsein erstrebenswerte Lebensziele sind. Zu lange hat man uns eingeredet – und haben wir treuherzig geglaubt –, daß die Suche nach dem Glück uns schließlich das Glück bescheren wird.

Dabei ist der Begriff des Glücks nicht einmal definierbar. So wurden zum Beispiel die Hörer der 7. Folge des Abendstudios des Hessischen Rundfunks im September 1972 Zeugen der zweifellos befremdenden Diskussion zum Thema »Was ist Glück?«, in deren Verlauf es vier

Vertretern verschiedener Weltanschauungen und Disziplinen nicht gelang, sich auf die Bedeutung dieses scheinbar so selbstverständlichen Begriffs zu einigen – und das trotz der Bemühungen des eminent vernünftigen (und geduldigen) Gesprächsleiters.

Das sollte uns eigentlich nicht überraschen. »Worin das Glück besteht, darüber waren die Meinungen immer geteilt«, lesen wir in einem Essay des Philosophen Robert Spaemann über das glückliche Leben: »289 Ansichten zählte Terentius Varro und ihm folgend Augustinus. Alle Menschen wollen glücklich sein, sagt Aristoteles.« Und Spaemann erwähnt dann die Weisheit eines jüdischen Witzes vom Sohn, der dem Vater eröffnet, er wolle Fräulein Katz heiraten. »Der Vater widerspricht. Fräulein Katz bringe nichts mit. Der Sohn erwidert, er könne nur mit Fräulein Katz glücklich sein. Darauf der Vater: ›Glücklich sein, und was hast du schon davon?‹«

Die Weltliteratur allein schon hätte uns längst mißtrauisch machen sollen. Unglück, Tragödie, Katastrophe, Verbrechen, Sünde, Wahn, Gefahr – das ist der Stoff, aus dem die großen Schöpfungen bestehen. Dantes *Inferno* ist ungleich genialer als sein *Paradiso;* dasselbe gilt für Miltons *Paradise Lost,* demgegenüber *Paradise Regained* ausgesprochen fade ist; *Jedermanns* Sturz reißt mit, die ihn schließlich rettenden Engelchen wirken peinlich; *Faust I* rührt zu Tränen, *Faust II* zum Gähnen.

Machen wir uns nichts vor: Was oder wo wären wir ohne unsere Unglücklichkeit? Wir haben sie *bitter* nötig; im wahrsten Sinne dieses Wortes.

Unseren warmblütigen Vettern im Tierreich geht es nicht besser: Man besehe sich nur die monströsen Wirkungen des Zoolebens, das jene herrlichen Kreaturen vor Hunger, Gefahr und Krankheit (einschließlich Zahnfäule) schützt und damit zu den Entsprechungen menschlicher Neurotiker und Psychotiker macht.

Unserer Welt, die in einer Flutwelle von Anweisungen zum Glücklichsein zu ertrinken droht, darf ein Rettungsring nicht länger vorenthalten werden. Nicht länger darf das Verstehen dieser Mechanismen und Prozesse die eifersüchtig gehütete Domäne der Psychiatrie und der Psychologie bleiben.

Die Zahl derer, die sich ihr eigenes Unglück nach bestem Wissen und Gewissen selbst zurechtzimmern, mag verhältnismäßig groß scheinen. Unendlich größer aber ist die Zahl derer, die auch auf diesem Gebiet auf Rat und Hilfe angewiesen sind. Ihnen sind die folgenden Seiten als Einführung und Leitfaden gewidmet.

Diesem altruistischen Vorhaben kommt aber auch staatspolitische Bedeutung zu. Wie die Zoodirektoren im kleinen, so haben es sich die Sozialstaaten im großen Maßstabe zur Aufgabe gemacht, das Leben des Staatsbürgers von der Wiege bis zur Bahre sicher und glücktriefend zu gestalten. Dies ist aber nur dadurch möglich, daß der Staatsbürger systematisch zur gesellschaftlichen Inkompetenz erzogen wird. In der gesamten westlichen Welt steigen daher die Staatsausgaben für das Gesundheits- und Sozialwesen von Jahr zu Jahr immer steiler an. Wie Thayer zeigte, schnellten diese Ausgaben in den USA zwischen 1968 und 1970 um 27 Prozent von 11 auf 14 Milliarden Dollar. Bundesdeutschen Statistiken (aus der Entstehungszeit dieses Buches) ist zu entnehmen, daß die *täglichen* Ausgaben für das Gesundheitswesen allein 450

Millionen DM betragen und sich damit seit 1950 verdreißigfacht haben. Es gibt in der Bundesrepublik zehn Millionen Kranke, und der westdeutsche Normalverbraucher nimmt im Laufe seines Lebens 36000 Tabletten ein.

Man stelle sich nun vor, wie es um uns stünde, wenn dieser Aufwärtstrend zum Stocken käme oder gar rückläufig würde. Riesige Ministerien und andere Monsterorganisationen brächen zusammen, ganze Industriezweige gingen bankrott, und Millionen von Menschen wären arbeitslos.

Zur Vermeidung dieser Katastrophe will das vorliegende Buch einen kleinen, verantwortungsbewußten Beitrag leisten. Der Sozialstaat braucht die stetig *zunehmende* Hilflosigkeit und Unglücklichkeit seiner Bevölkerung so dringend, daß diese Aufgabe nicht den wohlgemeinten, aber dilettantischen Versuchen des einzelnen Staatsbürgers überlassen bleiben kann. Wie in allen anderen Sparten des modernen Lebens ist auch hier staatliche Lenkung vonnöten. Unglücklich *sein* kann jeder; sich unglücklich *machen* aber will gelernt sein, dazu reicht etwas Erfahrung mit ein paar persönlichen Malheurs nicht aus.

»The pursuit of happiness«

Eine geistreiche Kommentatorin der zeitgenössischen amerikanischen Szene, Anne Taylor Fleming, sprach einmal in diesem Zusammenhang recht herzlos vom Jefferson-Schwindel als der Ursache einer dieser Grundhaltungen. Thomas Jefferson ist bekanntlich der Verfasser der amerikanischen Unabhängigkeitserklärung, die ihrerseits weitgehend von den Idealen des Aufklärungszeitalters und vor allem den französischen Philosophen jener Epoche inspiriert ist. Doch während die pragmatischen Franzosen sich hauptsächlich um Leben und Freiheit kümmerten und die Glücklichkeit mehr oder weniger den Anstrengungen des Staatsbürgers selbst überließen, machte Jefferson das Streben nach Glücklichkeit *(the pursuit of happiness)* zu einem verbrieften Recht des Amerikaners. Zugegeben, er tat es sicherlich arglos und idealistisch, doch die sich nun bereits über 200 Jahre hinwegschleppenden Folgen sind weniger harmlos. »Anscheinend bin ich immer noch nicht erwachsen«, schreibt Fleming, »denn ich erwarte immer noch, glücklich zu sein, jene seltene Kombination eines vollen Bauches und eines vollen Herzens zu empfinden, die ich als Kind hatte. Und wenn ich nicht glücklich bin, wenn meine Gemütsverfassung auch nur einen Tag lang aus dem Gleichgewicht gerät, dann kommt mir die Wut. Irgendwie fühle ich mich dann betrogen, und viele Jahre lang dachte ich, daß ich die einzige war, die an diesem Betrug litt. Nun aber bin ich überzeugt, daß fast alle Amerikaner so fühlen, daß wir Glücklichkeit nicht nur als Kinder, sondern zeitlebens erwarten und daß wir es auf Grund dieser Erwartung nicht schaffen, Unglücklichkeit mit Würde zu ertragen.«

Und das ist es, was Fleming mit dem Ausdruck Jefferson-Schwindel meint. Vielleicht hat sie recht, vielleicht aber ist das Problem viel komplexer. Vielleicht hat dieser hartnäckige Glaube an das Recht auf Glückseligkeit etwas mit der Psychologie- und Therapiesüchtigkeit der

Amerikaner zu tun: Daß man seit Jahren bei einem Analytiker in Behandlung ist, ist nicht nur kein peinliches Geheimnis, sondern ein wahres Statussymbol. Zumindest zeitlich, wenn nicht auch ursächlich fällt diese Überbewertung alles Psychologischen mit dem Aufkommen des Begriffs der »permissiven Erziehung« zusammen; einer Erziehungsform, die auf der Überzeugung beruht, daß jede Versagung und jede Nötigung der zarten Kinderseele bleibenden Schaden zufügt, vollkommenes Gewähren dagegen zur spontanen Entwicklung der edelsten menschlichen Eigenschaften und daher zur Glücklichkeit im Kinde führt. Wenn der Sprößling dann aber trotzdem nicht zum Tugendbold wird, muß der Psychiater her, denn dann handelt es sich offensichtlich um eine Pathologie – und wenn das Problem auch nur schlechte Noten sind oder Marihuanarauchen.

Interessant ist auch die Geographie der psychologischen Philosophen und Theorien. Die Riesenstädte der Ostküste sind zum Teil noch Hochburgen der psychoanalytischen Orthodoxie. In westlicher Richtung dann lockert sich die Strenge der alleinseligmachenden Lehre auf, bis sie schließlich beim Erreichen der Westküste, vor allem in Südkalifornien, in ein buntes Feuerwerk exotischer und oft sehr kurzlebiger Behandlungsformen explodiert, die dann in einem großen Sprung nach Osten in Europa landen. Neben den Schulen Freuds, des halbvergessenen Adler, des besonders von der jüngeren Generation neuentdeckten Jung, neben Horney, Reich, Frankl, Berne und anderen Klassikern schießt es da gar mächtig ins Kraut: Da gibt's die Selbsterfahrungsgruppen, die Marathonsitzungen (zwecks erhöhter Wirkung manchmal nackt im wohlig warmen Schwimmbecken), die Urschreier, die Rolfer, die Meditierer, Masseure, Vegetarier und Gesundbeter, die selbsternannten Gurus und solche, die sich eigens von einem waschechten indischen Guru ernennen ließen, die Bioenergetiker, Psychokybernetiker, die rationalen, integrativen, humanistischen, sensitiven, kreativen, implosiven, katathymen, autogenen, kriseninterveniereden, themenzentrierten, psychodramatischen Therapien und vieles mehr. Wie entgeht man bei einem derartigen Überangebot als Therapiekonsument der Qual der Wahl? Man entgeht ihr oft eben nicht, sondern besucht sowohl allein den individuellen Therapeuten, zusammen mit der Gattin den Eheberater und dann womöglich noch eine Gruppe, die sich speziell mit der Stärkung von Selbstbewußtsein und Selbstbehauptung befaßt. Diese Überdosis von Therapie macht dann nicht selten – zumindest in der Sicht der Betroffenen – zusätzliche Therapie nötig.

Und zum Thema der Herbeiführung endgültiger Glücklichkeit wären natürlich auch noch die – längst auch schon in Europa epidemisch verbreiteten – *tranquillizers* zu erwähnen, von denen praktisch alle in den Staaten streng rezeptpflichtig sind. (Begehen Sie aber nicht den Fehler, sich deswegen vor Antritt Ihrer Amerikareise allzu reichlich mit diesen Dingern einzudecken – Sie könnten nämlich sonst wirklich mit den Zöllnern in Schwierigkeiten geraten.) Die Hersteller dieser Nirwanamittel haben sich die Utopiefreudigkeit ihrer Kunden dazu dienstbar gemacht, im Laufe der Jahrzehnte den Glauben zu erwecken und zu bestärken, daß *jede* unangenehme, schmerzvolle, »negative« Gefühlsregung – wie zum Beispiel Nervosität bei Prüfungen oder entscheidenden Besprechungen, Trauer, Ärger über Fehlschläge, Enttäuschung, gelegentliche Schlaflosigkeit usw. – *eo ipso* krankhaft ist. Und was krankhaft ist, muß natürlich behandelt werden.

Es ist kaum anzunehmen, daß Jefferson in seinem Idealismus diese bizarren Entwicklungen seiner Glücklichkeitsidee voraussehen hätte können. Aber es läßt sich schwer leugnen, daß der Amerikaner, wenn schon nicht unbedingt von der Psychiatrie, so doch von der Gesellschaft – und daher letztlich vom Staate – die Herstellung seiner utopischen Glücklichkeit sozusagen als Pflichtleistung erwartet. Für den Europäer, der seiner demokratischen Tradition gemäß die Aufgabe des Staates im wesentlichen darin sieht, den Menschen vor dem Menschen zu schützen, ist die Entdeckung faszinierend und zugleich erschreckend, daß der Amerikaner vor der Obrigkeit gerade darauf pocht, worauf die Menschen in totalitären Regimen liebend gern verzichten würden – nämlich die staatlich oktroyierte, allgemeinverpflichtende Definition von Idealen, Auffassungen und Werten.

Die Verkörperung dieser glücksschuldenden Instanz ist natürlich der Präsident, dem besonders bei seiner Wahl in der rührendsten Weise die idealsten väterlichen Eigenschaften zugeschrieben werden. Daß Nixon zum Beispiel log, daß Kennedy – wie man schon zu seinen Lebzeiten munkelte – dem schönen Geschlecht sehr zugetan war – Dutzende solcher großer und kleiner Skandale würden uns zynische Europäer kaum aus der Fassung bringen. Wir halten derlei jederzeit für möglich, sehen in diesen Entgleisungen bestenfalls ein Symptom der allzu menschlichen Natur unserer Demokratien und in der früher oder später (meist später) eintretenden Bereinigung dieser Skandale doch wenigstens den tröstlichen Beweis für die Regenerationsfähigkeit unserer Gesellschaft. Nicht so der Amerikaner. Die Entdeckung der moralischen Hinfälligkeit oder auch nur der menschlichen Schwächen des superväterlichen Präsidenten ist für ihn anscheinend ebenso traumatisch wie (zumindest laut psychoanalytischer Theorie) das Trauma des Kindes, das seinen Vater beim Geschlechtsverkehr mit der Mutter überrascht. Doch während sich die psychoanalytische Urszene meist nur einmal ergibt, wiederholt sich diese politische Urszene alle vier Jahre.

Die endlose Suche nach dem Glück

Nehmen wir der Einfachheit halber an, *er* [der Suchende] sei es gewesen, der auf seiner Suche nach Sicherheit, Gewißheit, Erfüllung und daher endgültiger Glücklichkeit alle die hier beschriebenen Irrwege beschritten habe – und nicht nur die. Aber erst als er Novalis las und dabei auf das Symbol der Blauen Blume stieß, jener Blume, die irgendwo im Verborgenen blüht und deren Finden für die Romantik die Erfüllung der tiefsten Sehnsucht darstellte, begriff er sich selbst als Sucher. Bis dahin war ihm dieses Leitmotiv seines Lebens deswegen unbekannt geblieben, weil er so völlig darin enthalten war. Auf diese Einsicht folgte bald eine zweite, die aus der ersten hervorging, sie aber auch in Frage stellte. Die Romantiker schienen zu wissen, was sie suchten; er aber suchte, ohne zu wissen, wonach. Er wußte nicht nur nicht, *wo* das Gesuchte zu finden wäre, sondern nicht einmal, *was* es war. Und doch begriff er jetzt, daß er in jeder Sekunde seines Lebens, durch jede, auch die unbedeutendste seiner Handlungen die Frage an die Welt stellte: Ist es *das*? Wie anders könnte man etwas suchen, nach dem man dürstet »wie der Hirsch nach dem Wasser« und von dem man nicht einmal den Namen kennt? – Leider hatte er den *Tao Te King* nicht gelesen, denn dort hätte er als Antwort gefunden:

> Der Sinn, den man ersinnen kann,
> ist nicht der ewige Sinn;
> der Name, den man nennen kann,
> ist nicht der ewige Name.

Für unseren Mann wirkte sich die Suche nach Sinn und Namen so aus, daß er wie Faust durch die Welt rannte, ein jedes Glück bei den Haaren faßte, in sich hineinhorchte und fragte: »Ist es *das*?« und diese Frage immer wieder mit »Das ist es nicht« beantworten mußte. Mit anderen Worten: Unerbittlich mußte er wiedererleben, was schon Omar Chajjam in seinem *Rubaijat* ausdrückt: »... durchschweifst das All, kehrst zu der Zelle Winkel, und ist doch alles nichts, doch nichts, doch nichts.«

Immer wieder stand er mit leeren Händen da, aber immer wieder zog er daraus den einzig möglich erscheinenden Schluß, daß das jeweilige *Das* eben nicht *es* war, daß er *es* eben noch nicht richtig benannt und an der richtigen Stelle gesucht hatte. Manchmal gab er der Verheißung den Namen von bestimmten Zielen, deren Erreichen oft Jahre in Anspruch nahm, die ihn zu ungewöhnlichen Leistungen befähigten, ihm die Bewunderung seiner Umwelt eintrugen und die dann, im Augenblick des Ankommens, doch nicht hielten, was sie versprochen hatten; eine Enttäuschung, von der Shakespeare in einem seiner Sonette sagt: »... Glück beim Versuch, und wenn versucht nur Qual; erst freudig hoffend, nachher Schattenbild.« Und wie es nun einmal im Wesen eines solchen Bildes, einer Fata Morgana, liegt, verschwindet es beim Näherkommen und ist sofort wieder erstrebenswert, sobald man sich von ihm abwendet oder es verliert. So heftete er seine Sehnsucht oft an ferne Städte und Landschaften, von denen er fest annahm (*wie* er zu diesen Annahmen kam, wußte er sich nicht zu erklären), daß ihr Erreichen ihm ein völlig neues Ichgefühl bescheren würde, und die ihm diese Erfüllung vorenthielten, sobald er dort ankam. Enttäuscht durchstreifte er sie; er, derselbe, der er immer schon gewesen war, um nichts reicher, um nichts verändert. Und dann, kurz nach der entmutigten Abreise, war die Sehnsucht nach jenem Ort wieder da, leuchtend und verheißend – als hätte er nicht eben erlebt, daß »es« das nicht war. Und er fuhr wieder hin, in dieselbe Ernüchterung. Genausooft waren es Frauen, die, bevor sie sich ihm hingaben, all seiner Sehnsucht Verkörperung wurden – und dann nur ein anderer Körper. Dann kam die bittere Trennung und mit ihr die Rückkehr der Illusion, nun aber durch das Gefühl des verlorenen Paradieses noch leuchtender gemacht. Und ihr folgte wiederum die Leere. Er fühlte sich verraten, betrogen, ausgestoßen. Hätte er an Gott geglaubt, so hätte er Ihn beschuldigt, ihn nicht heimkommen zu lassen. Als Atheist dagegen liebäugelte er gelegentlich mit der Patendlösung des Selbstmords, denn seine Zweifel wuchsen, bis sie alles zu überwuchern und zu ersticken schienen. Wozu also weiterleben?

Dabei war sein Problem, *von außen* gesehen, recht banal. Nur das jeweils benannte Ziel stellte er nämlich in Frage, nicht aber *die Suche selbst.* Damit aber wurde die Suche endlos, denn der möglichen Fundorte gibt es unendlich viele. Was ja auch die Romantik nicht in Betracht gezogen hatte, war die banale Möglichkeit, daß es die Blaue Blume überhaupt nicht gibt – und nicht der Trugschluß, daß der Sucher offenbar noch nicht am rechten Ort gesucht hatte. Daher schien es nur das manichäische Gegensatzpaar Finden und Nichtfinden zu geben, und in diesem Nullsummenspiel mit sich selbst war unser Mann gefangen.

Es ist sehr schwer, klar und vor allem überzeugend darzulegen, wie er dieser Gefangenschaft doch entkam. Zweifellos trug dazu der Umstand bei, daß das Schicksal ihm fast nie das Ankommen am vermeintlichen Endziel versagte. Denn, wie wir schon sahen, ist nichts ernüchternder als eine erfüllte Hoffnung, und nichts trügerischer als eine versagte.

Er hatte also den Punkt erreicht, daß er sich seines Suchens voll bewußt war und damit auch seiner ewigen Frage an alle Inhalte und Aspekte der Welt: Ist es *das*? Und nun ergab sich eines Tages ein ganz kleiner Wandel; eben einer von jenen, die so klein sind, daß sie Großes herbeiführen. So unwahrscheinlich es klingen mag, es war die winzige Verschiebung der Betonung von *das* auf *es*, wodurch die Frage plötzlich »Ist *es* das?« lautete. Und sofort kam ihm die Antwort: Kein »*Das*«, *kein Ding da draußen in der Welt, kann je mehr als ein Name* des *Es* sein – und

Namen sind Schall und Rauch. In diesem Augenblick fiel die Trennung zwischen ihm und *es* weg; zwischen Subjekt und Objekt, wie die Philosophen sagen würden. Kein *Das* konnte je dieses *Es* sein. *Was die Welt nicht enthält, kann sie auch nicht vorenthalten,* sagte er zu seinem eigenen Erstaunen immer wieder vor sich hin; und dazu noch die für ihn merkwürdig bedeutungsvollen Worte: *Ich bin icher als ich.* Auf einmal war es ihm klar, daß die *Suche* der einzige Grund des bisherigen Nichtfindens gewesen war; daß man da draußen in der Welt nicht finden und daher nie *haben* kann, was man immer schon *ist.*

Und damit erfüllte sich für ihn jenes Wort der Apokalypse, wonach die Zeit nicht mehr sein wird – und er stürzte in die zeitlose Fülle des gegenwärtigen Augenblicks.

Aber nur für den Bruchteil einer Sekunde stand er in dieser Zeitlosigkeit, denn um sie zu bewahren, verfiel er sofort auf die Patendlösung, dem Erlebnis einen Namen zu geben und nach seiner Wiederholung zu suchen …

Coda:
Die Lösung

Die grundlegende Regel, wonach das Spiel kein Spiel, sondern todernst ist, macht das Leben zu einem Spiel ohne Ende, das eben nur der Tod beendet. Und – als wäre das nicht schon paradox genug – hier liegt eine zweite Paradoxie: Die einzige Regel, die dieses todernste Spiel beenden könnte, ist nicht selbst eine seiner Regeln. Für sie gibt es verschiedene Namen, die an sich ein und dasselbe bedeuten: Fairneß, Vertrauen, Toleranz.

Wie man in den Wald hineinruft, so schallt es heraus. Das hat man uns schon gesagt, als wir noch Kinder waren. Und in unserem Kopf wissen wir es auch; aber glauben tun es nur einige wenige Glückliche. Glaubten wir es nämlich, dann wüßten wir, daß wir nicht nur die Schöpfer unseres eigenen Unglücklichseins sind, sondern genausogut unsere Glücklichkeit selbst schaffen könnten.

Mit Dostojewski begann diese Anleitung, mit ihm soll sie enden. In den *Dämonen* sagt eine der zwiespältigsten Persönlichkeiten, die Dostojewski je schuf: »Alles ist gut ... Alles. Der Mensch ist unglücklich, weil er nicht weiß, daß er glücklich ist. Nur deshalb. Das ist alles, alles! Wer das erkennt, der wird gleich glücklich sein, sofort, im selben Augenblick ...«

So hoffnungslos einfach ist die Lösung.

Der Autor (und die Herausgeber)

Paul Watzlawick wurde 1921 in Villach/Kärnten geboren. Er studierte Philosophie und Sprachen in Venedig, promovierte 1949 mit einer philosophischen Arbeit. Nach einer Psychotherapie-Ausbildung am C. G. Jung-Institut in Zürich erhielt er 1954 sein Analytikerdiplom. Von 1957 bis 1960 lehrte er als Professor für Psychotherapie an der Universität von El Salvador in San Salvador.

Seit 1960 arbeitete er als Forschungsbeauftragter am Mental Research Institute in Palo Alto/Kalifornien. Daneben lehrte er viele Jahre auch in der Abteilung für Psychiatrie an der Stanford University. Regelmäßig bereiste er zahlreiche europäische Länder, um dort Vorträge zu halten.

Seine wichtigsten Buchveröffentlichungen in deutscher Sprache:

Menschliche Kommunikation (mit Janet H. Beavin und Don D. Jackson), Bern (Huber) 1969
Lösungen (mit John H. Weakland und Richard Fisch), Bern (Huber) 1974
Wie wirklich ist die Wirklichkeit?, München (Piper) 1974
Die Möglichkeit des Andersseins, Bern (Huber) 1977
Gebrauchsanweisung für Amerika, München (Piper) 1978
Interaktion (Hg. mit John H. Weakland), Bern (Huber) 1980, Taschenbuchausgabe: München (Piper) 1990

Die erfundene Wirklichkeit (Hg.), München (Piper) 1981

Anleitung zum Unglücklichsein, München (Piper) 1983

Vom Schlechten des Guten, München (Piper) 1986

Die Unsicherheit unserer Wirklichkeit (mit Franz Kreuzer), München (Piper) 1988

Münchhausens Zopf, Bern (Huber) 1988, Taschenbuchausgabe: München (Piper) 1992

Vom Unsinn des Sinns oder vom Sinn des Unsinns, Wien (Picus) 1992, Taschenbuchausgabe: München (Piper) 1995

Kurzzeittherapie und Wirklichkeit (Hg. mit Giorgio Nardone), deutsche Ausgabe: München (Piper) 1999

Die Herausgeber

Heidi Bohnet, Dr. phil., studierte Philosophie und Germanistik, war Verlagslektorin, lebt als freie Lektorin in Bonn.

Klaus Stadler, Dr. phil., studierte Geschichte, Politikwissenschaft und Musik, ist seit 1977 Sachbuchlektor im Piper Verlag.

Gemeinsam haben sie herausgegeben:

Karl Popper, Alle Menschen sind Philosophen, München (Piper) 2002

Hannah Arendt, Denken ohne Geländer, München (Piper) 2005

Nachweis der Texte

1. Die für diesen Band verwendeten Bücher

a) Sammelbände, die Paul Watzlawick herausgegeben hat oder an denen er als Autor beteiligt ist:

Einführung in den Konstruktivismus
Beiträge von Heinz von Foerster, Ernst von Glasersfeld, Peter M. Hejl, Siegfried J. Schmidt, Paul Watzlawick. Veröffentlichungen der Carl Friedrich von Siemens Stiftung, herausgegeben von Heinz Gumin und Heinrich Meier, Band 5.
© 1985 R. Oldenbourg Verlag GmbH, München (hier zitiert nach der Taschenbuchausgabe im Piper Verlag, München 1998, Serie Piper 1165)

Die erfundene Wirklichkeit
Wie wissen wir, was wir zu wissen glauben? Beiträge zum Konstruktivismus.
Herausgegeben und kommentiert von Paul Watzlawick. Piper Verlag, München 1981 (hier zitiert nach der Taschenbuchausgabe von 2000, Serie Piper 373)

Kurzzeittherapie und Wirklichkeit
Eine Einführung. Herausgegeben von Paul Watzlawick und Giorgio Nardone.
© 1997, 1999 Paul Watzlawick und Giorgio Nardone
© der deutschsprachigen Ausgabe: Piper Verlag GmbH, München 1999
Übersetzung aus dem Englischen und Italienischen von Michael von Killisch-Horn (hier zitiert nach der Taschenbuchausgabe von 2001, Serie Piper 3395)

b) Bücher von Paul Watzlawick:

Anleitung zum Unglücklichsein
Piper Verlag, München 1983 (hier zitiert nach der Taschenbuchausgabe von 2005, Serie Piper 4316)

Gebrauchsanweisung für Amerika
Piper Verlag, München 1978 (hier zitiert nach der überarbeiteten Neuausgabe von 2002)

Münchhausens Zopf oder Psychotherapie und »Wirklichkeit«
Gesammelte Aufsätze und Vorträge.
© 1988 Paul Watzlawick, Palo Alto, und Verlag Hans Huber, Bern (hier zitiert nach der Taschenbuchausgabe im Piper Verlag, München 1997, Serie Piper 1237)

Vom Schlechten des Guten oder Hekates Lösungen
Piper Verlag, München 1986 (hier zitiert nach der Taschenbuchausgabe von 2005, Serie Piper 4317)

Vom Unsinn des Sinns oder Vom Sinn des Unsinns
Mit einem Vorwort von Hubert Christian Ehalt.
© 1992 Picus Verlag Ges. m. b. H., Wien (hier zitiert nach der Taschenbuchsonderausgabe im Piper Verlag, München 2005, Serie Piper 4318)

Wie wirklich ist die Wirklichkeit?
Wahn, Täuschung, Verstehen.
Piper Verlag, München 1976 (hier zitiert nach der Taschenbuchausgabe von 2005, Serie Piper 4319)

2. Hinweise zu den ausgewählten Texten

(Hier werden die oben aufgeführten Bücher jeweils nur mit ihren Titeln genannt.)

Präludium: Wenn du mich wirklich liebtest ..., aus: Anleitung zum Unglücklichsein, S. 75–90

I. Ist die Wirklichkeit wirklich wirklich?

Die neue Sicht der Dinge, aus: Einführung in den Konstruktivismus, S. 89–93
Der Radikale Konstruktivismus, aus: Vom Unsinn des Sinns, S. 72–81
Vom Mißbrauch erfundener Wirklichkeiten, aus: Die erfundene Wirklichkeit, S. 106–109
Zu einem sich ändernden Menschenbild..., aus: Münchhausens Zopf, S. 49–53
»Umdeuten«, aus: Kurzzeittherapie und Wirklichkeit, S. 135–140

Interludium: Die Geschichte von Ide Olog, aus: Vom Schlechten des Guten, S. 31–42

II. Meine Wirklichkeit, deine Wirklichkeit

Verschiedene Wirklichkeiten
Reisen, aus: Gebrauchsanweisung für Amerika, S. 157–159
Flachland, aus: Wie wirklich ist die Wirklichkeit?, S. 214–219

Je weniger man vom anderen weiß..., aus: Gebrauchsweisung für Amerika, S. 13–17
Von Zufall und Ordnung, aus: Wie wirklich ist die Wirklichkeit?, S. 67–70
Das Gefangenendilemma, aus: Wie wirklich ist die Wirklichkeit?, S. 103 –105
Newcombs Paradoxie, aus: Wie wirklich ist die Wirklichkeit?, S. 206–212
Ordnung ohne Unordnung ist lebensfeindlich, aus: Vom Schlechten des Guten, S. 95–100
Die Fiktion des »Als-ob«, aus: Einführung in den Konstruktivismus, S. 97–100
Selbsterfüllende Prophezeiungen, aus: Anleitung zum Unglücklichsein, S. 59–63
»Moribundus«, aus: Die erfundene Wirklichkeit, S. 103–105
Die Enantiodromie, aus: Die erfundene Wirklichkeit, S. 221–225

Beziehungen und Kommunikation

Sprachverwirrungen, aus: Wie wirklich ist die Wirklichkeit?, S. 14–20
Konfusion, aus: Wie wirklich ist die Wirklichkeit?, S. 26–30
Die Ratte und der Versuchsleiter, aus: Wie wirklich ist die Wirklichkeit?, S. 72–77
Die zerkratzten Windschutzscheiben..., aus: Wie wirklich ist die Wirklichkeit?, S. 84 –91
»Sei spontan« – ein Paradox, aus: Anleitung zum Unglücklichsein, S. 91–99

Was ich denke, daß er denkt..., aus: Wie wirklich ist die Wirklichkeit?, S. 108–111
Die Geschichte mit dem Hammer, aus: Anleitung zum Unglücklichsein, S. 37–47

Von Liebe, Glück und anderen menschlichen Themen
Wer mich liebt, mit dem stimmt etwas nicht, aus: Anleitung zum Unglücklichsein, S. 101–107
Die Sache mit dem Backpulver, aus: Vom Schlechten des Guten, S. 84–86
Das Leben als Spiel, aus: Anleitung zum Unglücklichsein, S. 125–130
Nicht-Nullsummenspiele, aus: Vom Schlechten des Guten, S. 60–68
Das Kollektiv ist alles, aus: Gebrauchsanweisung für Amerika, S. 139–147
Der Franzl und seine Lösung, aus: Vom Schlechten des Guten, S. 43–49
Der Mystiker und das Kätzchen, aus: Vom Schlechten des Guten, S. 101–106
Vor Ankommen wird gewarnt, aus: Anleitung zum Unglücklichsein, S. 65–68
Das Ammenmärchen vom Glück als Lebensziel, aus: Anleitung zum Unglücklichsein, S. 9–15
»The pursuit of happiness«, aus: Gebrauchsanweisung für Amerika, S. 132–137
Die endlose Suche nach dem Glück, aus: Vom Schlechten des Guten, S. 117–122

Coda: Die Lösung, aus: Anleitung zum Unglücklichsein, S. 131–132

PIPER

Linde Salber

Psychologie für die Westentasche

128 Seiten mit einigen Abbildungen. Gebunden

Pipers »Westentaschen-Bücher« – das ist umfassendes Wissen in Kurzform, passend zum steigenden Bedürfnis nach kompakter und unterhaltsamer Information über Themen und Personen. Nach »Freud für die Westentasche« führt nun eine Expertin in das riesige Thema Psychologie ein.
Linde Salber ist Psychologin und Psychotherapeutin. Sie schreibt über das Thema so, wie sie sich eine Einführung gewünscht hätte, als sie sich für psychologische Fragen zu interessieren begann. Am Anfang stehen menschliches Verhalten und Erleben, geschehen Veränderungen, die wir nicht begreifen. Die Psychologie, mit der wir alle im Alltag umgehen, Glück und Leid in unseren Lebensläufen, die großen Schulen der Therapie, Sprache, Denken und Erinnerung als Instrumente des Seelischen – das sind nur einige Schwerpunkte dieser ungewöhnlichen und kurzweiligen Einführung.

01/1577/01/L